Korean Enneagram Meditation Book

에니어그램 명상

성장과 치유를 위한
학습힐링

윤운성 저

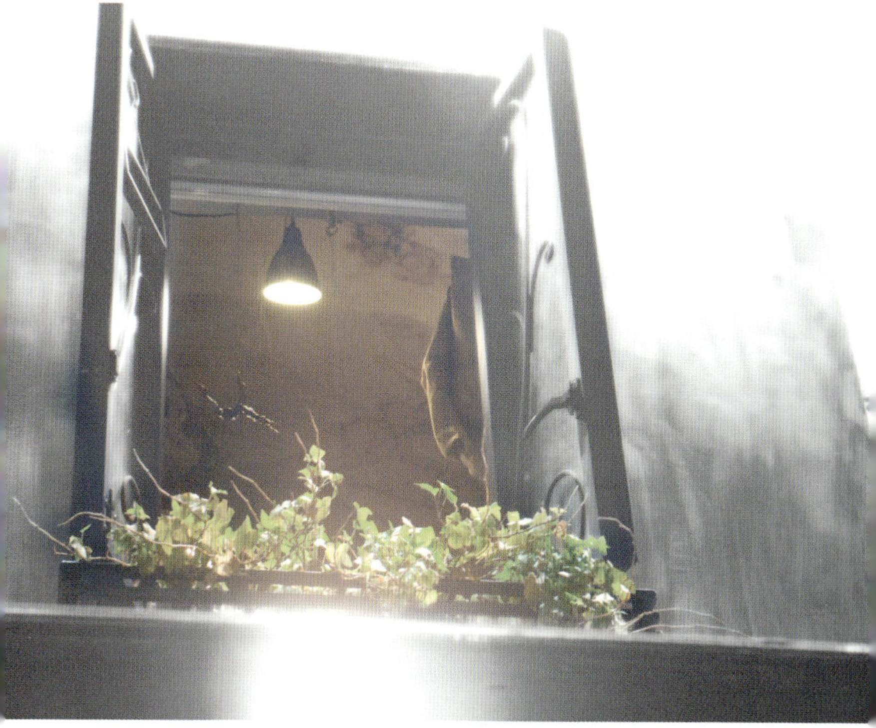

머리말

공부에는 왕도가 없지만 바른 길은 있을 수 있다. 청소년 시기에는 공부가 인생의 전부인 것 같지만 긴 인생을 놓고 볼 때 소소한 일일 수도 있다. 그럼에도 불구하고 많은 청소년들이 공부에 대한 압박감으로 우려되는 행동을 보이고 있다. '말을 물가로 데려갈 수는 있어도 물을 먹게 할 수는 없다'는 고전적인 속담이 현장의 고민인 시점에서 자신의 목표를 인지하고 공부의 필요성을 깨닫게 하는 효과적인 방법은 무엇일까? 또한 많은 스트레스로 왜곡되고 있는 우리 청소년들을 근본적으로 치유하고 성장하게 하는 방법은 무엇일까?

'공부해야 한다'는 끊임없는 걱정으로 불안해하며 시간을 보내기 보다는 잠시 눈을 감고 생각을 정리하면서 목표를 확인한 후에 몰입하여 공부하는 것이 오히려 효율성을 높일 수 있다. 걱정과 불안으로 굳어진 신체를 이완하고 맑은 정신으로 공부하면 학습 성과를 더 낼 수 있다는 것이다. 많은 연구들이 하루에 5분 정도의 명상만으로도 부정적이고 억압된 생각과 긴장된 신체를 이완시킬 수 있다고 보고하고 있다. 명상을 통해 효과적으로 학습할 수 있음은 물론 궁극적으로는 인생을 성찰하고 통합적인 삶의 방향을 설정할 수 있다. 또한 정기적인 명상은 신체건강에도 매우 큰 도움을 준다. 따라서 명상은 청소년시기의 고민을 본질적인 차원에서 해결할 수 있게 하고 긴 인생의 행로에서 아름답고 행복하게 살 수 있도록 도와줄 것이다.

본서에는 청소년은 물론 성인까지 대상에 관계없이 활용이 가능한 명상들이 수록되어 있다. 특히 에니어그램 명상은 각 성격유형이 가지고 있는 습관적인 집착과 건강하지 못한 감정들을 정화하여 궁극적으로는 맑고 아름다운 생각을 통해 행복을 느끼게 한다.

에니어그램 명상은 심신을 편안하게 하고 자유로운 감정과 맑고 긍정적인 생각을 가지고 행동하는데 도움을 줌으로써 청소년들의 인성발달은 물론 학습 효과를 배가시킬 것이다.

한발 물러서서 크게 숨을 쉬고, 여유를 갖자. 그리고 차분히 나아가자. 학습명상은 학생들에게 성공적인 학습 경험은 물론 건강과 행복을 함께 선물할 것이다. 행복의 조건은 좋아 하는 일을 하는 것이 아니라 해야 할 일을 좋아하는 것이라고 한다. 학생으로서 해야 할 공부를 좋아하게 되면 행복하게 되고 학생들이 행복하면 세상도 행복해 진다. 그러면 결국 모든 일들이 기쁨으로 넘쳐 저절로 목표를 달성할 것이다.

이 책을 새롭게 인쇄하면서 함께 교정 작업을 해 준 본 연구소의 김새한별 국장과 윤여진 이사에게 감사를 드린다.

2019년 1월
한국에니어그램교육연구소장/청소년리더십진로교육센터장
윤 운 성

목차

1장. 에니어그램과 명상 / 7
1. 명상의 이해 / 8
2. 청소년 명상과 학습효과 / 14
3. 에니어그램의 이해와 명상 / 16

2장. 힘의 중심별 명상 / 21
1. 머리중심의 명상 / 24
2. 가슴중심의 명상 / 26
3. 장중심의 명상 / 28

3장. 에니어그램 9가지 명상 / 31
1. 1번 유형: 개혁가. 완전을 추구하는 사람 / 32
2. 2번 유형: 조력가. 타인에게 도움을 주려는 사람 / 36
3. 3번 유형: 성취자. 성공을 추구하는 사람 / 40
4. 4번 유형: 예술가. 특별한 존재를 지향하는 사람 / 44
5. 5번 유형: 사색가. 지식을 얻어 관찰하는 사람 / 48
6. 6번 유형: 충성가. 안전을 추구하는 사람 / 52
7. 7번 유형: 낙천가. 즐거움을 추구하고 계획하는 사람 / 56
8. 8번 유형: 지도자. 사회의 리더로 앞장서는 사람 / 60
9. 9번 유형: 중재자. 조화와 평화를 바라는 사람 / 64

4장. 9가지 신성한 생각 / 69

5장. 에니어그램 명상의 실제 / 83
　　1. 행동의 세 가지 법칙과 주의집중 훈련 / 84
　　2. 치유 명상 / 88
　　3. 자각 명상 / 91
　　4. 9가지 에니어그램 명상순서 / 96
　　5. 에니어그램 9단계 명상 / 100
　　6. 현존명상 (지금 이순간의 지혜) / 103
　　7. 상황별 명상훈련 / 110
　　8. 세 중심의 균형 훈련 / 118

6장. 윤운성의 에니어그램 통합명상 / 123

7장. 윤운성의 에니어그램 기도 / 135

* 명상을 마치며... / 140
* 참고문헌 / 142

에니어그램 명상

윤운성

교만하지 않고 겸손하게 하시고
자기를 기만하지 말고 정직하게 하시며
특별한 감정만을 추구하기보다는 마음을 평안하게 하소서.

모든 탐욕으로부터 자유롭게 하시고
두려워하지 말고 용기를 갖게 하시며
지나친 정열보다는 절제하게 하소서

남을 욕망대로 통제하기 보다는 보호하게 하시고
너무 태만하지 말고 행동으로 옮기게 하시며
하찮은 일에 분노하지 않고 침착하게 하소서

따라서 모든 자기집착으로부터 해방되게 하소서

1장

에니어그램과 명상

1. 명상의 이해
2. 청소년 명상과 학습효과
3. 에니어그램의 이해와 명상

01 명상의 이해

가. 명상의 뜻

명상(瞑想)이란 글자 그대로 "눈을 감고 고요히 생각한다." 는 뜻입니다. 마음을 소란스럽지 않게 하여 고요히 그 순간에 머무는 것을 의미하지요.

얽혀진 마음의 실타래를 하나하나 풀어내며 이해시켜주는 것이 '심리학'이라면 '명상'은 얽혀진 마음을 통째로 비우는 일입니다. 마음이 얼마나 복잡한지 얼마나 많이 뭉쳐 있는지 상관하지 않고 그냥 모든 것을 비우고 마음의 빈자리를 찾아 떠나는 내면의 여행인 것입니다.

명상은 두 가지 개념으로 이해할 수 있습니다. 하나는 서구적인 개념이고 하나는 동양적인 개념입니다. 서구적 개념에서의 명상은 메디테이션(Meditation) 입니다. '깊이 생각하다, 묵묵히 생각하다' 등으로 번역할 수 있는데, 서구에서는 이를 종교적으로 승화시켜 묵상이라고도 합니다. 성모마리아나 십자가 앞에 무릎을 꿇고 깊이 성찰하며 묵도하는 신부님이나 목사님을 떠올려 볼 수 있습니다.

사실 명상은 서구보다는 동양인 인도에서 가장 먼저 체계화되고 실용화 되었다고 알려져 있습니다. 인도어 '**결합하다, 묶는다(yuj)**' 라는 말에서 유래된 된 것으로 마음과 몸을 조화롭게 한다 혹은 정신을 어떤 대상에 집중한다는 의미를 가지고 있습니다. 단순히 조용히 묵상하는 것에 그치는 것이 아니라 생각을 끊는 데까지 심화시키는 높은 경지의 수행 방법으로 여깁니다. 슈리푼자는 명상은 '나는 누구인가?'에 대한 질문에 궁극적인 해답을 찾는 과정으로 보고, 한 대상에서 다른 대상을 향해 끊임없이 달려가고 있는 마음을 붙잡아 한 대상에게로 되돌아오게 하는 것이라 하였습니다.

종합하면 명상이란 '단순히 생각하는 것이 아니고 마음을 비우고 정제해서 보다 높은 차원의 경지에 오르는 행위'라고 할 수 있습니다.

나. 명상의 종류와 방법

그렇다면 명상의 종류와 방법에는 무엇이 있을까요?

명상의 방법은 정해져 있지 않습니다. 명상은 인류 역사와 함께 오랜 동안 이어져 왔기 때문에 다양한 문화, 종교, 철학의 전통에 따라 여러 가지 방법으로 행해지고 있습니다.

첫째, 참선(禪) 명상법

선은 마음을 통일하여 잡념을 일으키지 않고 진정한 자기의 모습으로 돌아가는 것입니다. 그것을 깨달음이라고도 합니다. 선을 수행하는 것을 참선이라 하고 참선에서 가장 중요한 것은 자세와 마음가짐입니다. 참선의 자세 중 대표적인 것이 가부좌 자세입니다. 두 다리를 꼬아서 앉는 결가부좌(완전한 책상다리)와 오른쪽 발을 빗겨서 다른쪽 다리에 붙여 앉는 반가부좌 자세가 있습니다. 또 이 수행법은 호흡법을 중요하게 생각하는데 안정된 호흡 없이는 신체적 이완과 정신집중을 달성할 수 없기 때문입니다. 가장 기본적인 방법이 수식관인데 단순하게 말하면 편안하게 숨을 쉬며 숫자를 세는 것입니다. 이러한 방법으로 호흡이 들어오고 나가는 것을 통해 마음을 집중할 수 있습니다. 선명상은 진실한 자아를 탐구하고 절대 주체의 자각을 추구하는 대표적 수행방법이라 할 수 있습니다. 또 생활 속에서 실천할 수 있는 수행의 한 방법이기도 합니다.

둘째, 요가 명상법

요가는 명상, 호흡, 스트레칭이 결합된 명상의 한 방법입니다. 요가는 인도어로 결합하다는 뜻에서 유래되었으며 신(神)과 하나 됨, 심신(心身)의 하나 됨, 마음의 집중, 마음의 작용이 멈춰 그 마음마저 없어진 상태 등 여러 가지로 정의 됩니다. 종교적으로는 인간이 완전하게 되는 길이라고도 하고, 철학적으로는 자아를 발견하는 길이라고 합니다. 요가명상은 마음을 조절해서 마음의 움직임을 억제하여 인간 본래의 고요한 마음으로 돌아가는 상태를 말합니다. 우주와 내가 하나라는 자각을 가지고 자기 마음의 본래 모습을 알게 하며 따라서 모든 사람의 마음을 알게 하는 것입니다. 따라서 요가는 마음·몸·정신의 융화와 경험의 방법론입니다.

셋째, 초월 명상법(TM)

초월 명상법은 과학자인 인도의 요기(선승) 마하리쉬에 의해 1958년에 미국에 알려져, 합리적이며 과학적인 정신을 중시하는 미국인들의 관심을 받아 현대 명상법으로 소개되었습니다. 마하리쉬에 의하면 일상의 의식상태 외에 더없이 행복한 의식상태인 초월상태 즉 제 4의 의식 상태가 존재한다고 합니다. 인간의 마음은 태어날 때부터 방랑자적이자 기계적인 경향을 갖는데, 그로 인해 일상생활의 사소한 일에 지나친 에너지를 소비할 수 있다는 것입니다. 그러한 마음을 컨트롤 하려고 의식적으로 노력하게 되면 정신적으로 초월상태에 이르게 되는데, 이것을 초월 명상법이라고 합니다. 처음에는 '옴(ohm)'과 같은 단어나 '만트라(특정단어나 어구를 반복해서 읊는 것)'를 조용히 읊조리는 것에서 시작합니다. 지속적으로 실행하게 되면 마침내 사고의 근원에 도달하게 된다고 합니다.

넷째, 벤슨의 이완 반응법(삼마타 수행법)

미국의 허버트 벤슨이라는 하버드 대학 행동의학 교수가 TM(초월명상) 전문 수련가들을 대상으로 연구 개발한 명상 기법이며 종교적인 경향보다는 과학적인 경향이 도드라져서 의료명상법으로 주목받고 있습니다. 이완반응이 개인의 믿음체계와 결합할 때 생기는 치유의 효과는 삶의 고통 즉 스트레스에서 파생되는 질병의 예방이나 치유에 큰 도움이 될 수 있다고 합니다. 방법은 초월명상과 같이 조용한 곳에서 의식적으로 온몸의 긴장을 풀고 10분에서 20분 정도 간단한 기도문이나 '하나', '옴(ohm)' 등의 한 단어로 된 정신적 도구, 즉 만트라에 집중하되 잡념에 흔들리지 않도록 하는 것입니다. 마음은 별처럼 또렷하지만 몸은 고요해지는 상태를 과학적으로 표현하면 이완상태라고 할 수 있습니다.

다섯째, 단학명상법

단학명상이란 내단에 의한 단전호흡을 주로 하여 명상하는 것을 말합니다. 단전, 즉 아랫배의 호흡을 중점 수련하는 명상법으로서 심신 수련을 위해 개발 되었습니다. 단학은 우리 민족 고유의 심신수련법을 현대의 의학과 결합하여 발전시킨 것이라고 합니다.

마지막으로, 위빠사나(Vipassana) 명상법

관법·사념처관이라고도 부르는데 이는 지금 이 순간의 신체, 느낌, 마음, 진리 등 4가지 대상에 대해 아무런 판단도 하지 않고 순수한 마음으로 인내심을 가지고, 지나치게 애쓰지 않고 가만히 살펴보는 것입니다. 이러한 수행을 통해 깨달음에 이르게 됩니다.

02 청소년 명상과 학습효과

　명상은 방법도 다양하고 이론적 근거도 다양한데 학습에서도 상당한 효과를 거두는 것으로 보고되고 있습니다. 즉 명상을 통해 마음을 가라앉히고 주의집중하면 학습효과가 극대화될 수 있습니다. 특별히 청소년기는 사춘기로, 신체의 급격한 성장에 정신적 발달이 따라오지 못하여 생기는 정서적 부조화 혹은 불균형상태를 경험합니다. 흔히 청소년기를 '질풍노도의 시기'라고 하는데 폭풍우가 불어 닥쳐 성난 파도처럼 마음이 불안정하고 동요되는 시기라는 의미입니다. 이러한 시기에 마음을 고요히 하여 자기만의 시간을 가질 수 있는 명상은 필수적입니다.

　에릭슨은 청소년기를 가리켜 '정체감 위기에 처한 시기'라고 하였는데 역할혼미로 인하여 자신의 존재가 무엇인지, 자신이 누구인지를 몰라 방황하는 것을 의미 합니다. 청소년들에게 있어 '나는 누구인가' 라는 명제는 시시각각으로 자연스럽게 던져질 수 있는 고민입니다. 고요한 마음으로 내면의 세계에 몰두할 수 있는 명상은 청소년들의 자아정체감 확립에 도움을 줄 것입니다.

　임상 실험 결과 하루에 20분씩만 명상을 해도 마음과 신체에 현저한 이완 상태가 와서 스트레스를 견뎌 내는 힘이 생기는 것으로 밝혀지고 있습니다. 가만히 앉아서 묵상한다는 뜻만 아니라, 심신을 조화시키고 남과의 정신적 화해까지 이룰 수 있다는 것입니다.

명상의 공통점은 수련을 통해 외부로부터의 자극과 반응을 감소시키고 생각을 단순화하는 '입정(入靜)' 즉 고요한 상태에 들어간다는 점입니다.

인간의 학습과 기억에 가장 효과적인 뇌 상태는 알파파가 나오는 상태입니다. 알파파 상태는 긴장 이완에서부터 시작됩니다. 명상의 성공 여부는 '이완 반응'을 이끌어 내느냐에 달려 있다고 볼 수 있습니다. 명상을 통해 이완 반응으로 들어가면 뇌전상(腦電上)에서 알파파가 나오고 이어서 무의식의 세계가 열리게 됩니다.

올바른 학습습관을 가지고 있다는 것은 공부를 주의 집중하여 효율적으로 한다는 말입니다. 명상을 하면 두뇌가 맑아지고 집중력이 현저히 향상된다는 많은 연구들이 있습니다. 명상이 학습습관을 형성하는 성격적 요인들 즉, 인내심이나 정서적 안정성 같은 요인들에 영향을 미친다는 연구결과들도 있습니다. 따라서 장기적인 명상 습관으로 학업성적이 향상된다고 보고하고 있습니다. 특히 명상은 두뇌 우반구의 기능이 활성화되어 직관력과 상상력이 크게 활성화 됩니다.

또 명상은 학습 능력 증대 효과 외에 사회생활의 적응력과 심리적 평정심(平靜心)을 높이는 데 많은 도움을 줍니다. 뿐만 아니라 잠재의식을 일깨우고 통제하는 데도 효과적입니다. 명상을 꾸준히 하면 영감이 풍부해지는데 영감이야말로 창조적 사고 과정의 중요한 동기입니다. 이 밖에도 명상은 마음과 신체의 제어 능력을 높여 주고 심신의 통일을 이끌어 주는 피로 회복과 치유의 효과도 있는 것으로 알려져 있습니다.

03 에니어그램의 이해와 명상

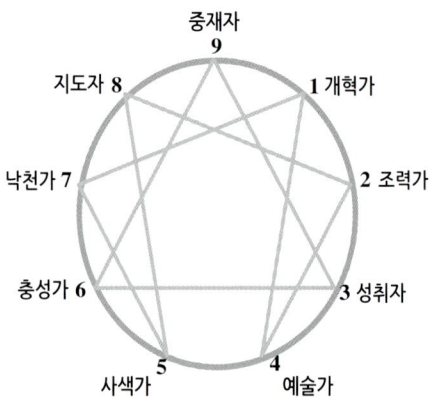

 현재의 에니어그램 이론은 고대의 지혜와 현대의 심리학이 결합된 것입니다. 그리스어로 '아홉 개의 점이 있는 그림'이라는 뜻을 가진 에니어그램은 원과 아홉 개의 점, 그리고 그 점들을 잇는 선으로만 구성된 단순한 도형이지만 그 안에는 우주의 법칙과 인간 내면의 모든 것이 상징적으로 표현되어 있습니다. 에니어그램의 도형은 하나의 원으로 되어 있고, 그 원 주위에 있는 아홉 개의 점, 그리고 아홉 개의 점을 잇는 선으로 1부터 9까지 균등하게 나뉘어져 있습니다. 원은 O을 의미하며 지금 현재를, 원둘레는 끊임없이 흘러가는 연속적인 시간의 흐름을 뜻합니다(윤운성, 2005).

원의 중심을 이루고 있는 점 9, 6, 3은 정삼각형을 이루며 전체 에니어그램의 인식이나 관점을 제공해줍니다. 점 1, 4, 2, 8, 5, 7은 화살표로 연결되어 육각형을 이루고 있으며 변화와 성장을 의미합니다. 각 점은 다른 두 점과 연결되어 있는데 이것은 내부의 화살 또는 선으로 표현됩니다. 이 선들은 개인의 스트레스에서 이완까지 즉, 부정에서 긍정까지의 움직임을 포함합니다. 에니어그램은 역동적인 심리적 성장과 퇴보를 반영합니다(윤운성, 2002a). 따라서 에니어그램의 화살 이론은 개개인의 성장 방법을 제시해 준다고 볼 수 있습니다. 예를 들어 5번의 성격유형이라면 건강할 때는 8번의 긍정적인 모습을 성장의 방법으로 취하고, 스트레스 상황일 때는 7번의 부정적인 모습을 보이므로 5번 유형의 성격은 8번의 건강한 모습을 발휘함으로써 성숙한 사람으로 성장하게 됩니다.

또한 에니어그램에서 생명력과 에너지의 기원은 세 주요 중심입니다. 장(본능)중심, 가슴(감정)중심, 머리(사고)중심으로 구분하고 있습니다. 한 중심은 다른 두 중심보다 좀더 지배적이며 우세하여 현실을 대처하는 데 사용됩니다. 세 가지 중심 안에는 각각 세 가지 유형이 존재하여 9가지 성격유형을 이룹니다. 그 중에서 가장 우세한 유형이 자신의 타고난 기본유형이 됩니다.

에니어그램의 인간상은 교육 철학적 측면에서 페스탈로치(Pestalozi)가 말하는 지, 덕, 체가 조화를 이루는 사람이며, 심리학적 측면에서 불룸(Bloom)의 인지적, 정의적,

신체운동적 영역이 균형을 이루고, 정신의학적 측면에서 융(Jung)의 무의식과 의식이 통합되고, 종교적 측면에서 육의 욕정을 제어하는 도덕적 의미의 성화(聖化)를 포괄하는 영성적[1] 존재입니다(윤운성, 2004e). 영성이란 우리의 삶과는 동떨어진 곳에서 기도하거나 신앙생활 하는 것을 일컫는 것은 아닙니다. 오히려 우리의 일상 즉, 우리의 정신적, 사회적, 실제적 삶의 선택과 깊이 연결되어 있습니다. '성공하는 사람의 8번째 습관'인 내면의 소리를 듣는 것과 맥을 같이하고 있습니다(김경섭 역, 2005).

에니어그램은 '강력하고 역동적인 성격시스템으로 명백한 지각필터에 기초하여 사고, 느낌, 행동을 독특하고 유형화된 9가지 성격유형'으로 기술하고 있습니다(Daniels, & Price, 2000). 역사적으로 성격유형론은 고대 그리스의 의사인 히포크라테스(Hypocrites, 460-377 B.C.)의 체액설(황담즙, 흑담즙, 혈액, 점액), 독일 정신의학자 크레치머(Kretchemer, 1888-1964)의 체격론(마른형, 비만형, 근육형), 미국 의사 쉘든(Sheldon)의 체격론(내배엽형-내장긴장형, 중배엽형-신체긴장형, 외배엽형-대뇌긴장형) 등으로 연구되어 왔습니다.

이러한 에니어그램 성격유형론의 근원은 타고난 초기경험과 관련됩니다. 특히 에니어그램 학자인 나란조(Naranjo, 2004)는 신경증의 근원적 설명을 아동기 두려움에

---
[1] 가톨릭이나 그리스정교와는 달리 개신교에서는 영성이라는 용어를 거의 쓰지 않다가 15-20년 전부터 타락한 교회에 대한 반동으로 영성을 사용하기 시작했다. 영성은 육성(肉性)과 대비되는 말로, 육체의 욕심을 다스리는 말로 사용했다. 따라서 13세기까지는 수도원을 중심으로 한 '수도원적 영성'을 의미한다. 불교에서는 영성이라는 말보다는 마음의 깨달음을 의미하는 심성(心性)을 주로 사용한다.- 한계레신문. 2004.3.18. 노느매기

서 찾는 프로이드의 무의식적 동기론을 지지하고 있습니다. 이를 통해 방어와 의존으로부터 야기되는 아동기의 불안을 설명하고 있습니다. 프로이드가 말하는 불안(비합리적 두려움)은 건강하지 못한 의식과 악의 근원입니다. 따라서 프로이드의 신경증이론은 신경증에서 '불안에 의해 동기화된 어떤 것의 표현(an expression of something motivated by anxiety)'이 중요시될 때 나타납니다. 반면에 심리치료의 실존주의적 관점에서의 신경증은 '진실성의 부재(a loss of authenticity)'에 기초합니다. 이러한 두 가지의 관점은 서로 밀접하게 관련됩니다. 방어기제를 통하여 불안으로부터 도피하고자 하는 의욕이 없다면 동기가 생기지도 않습니다. 즉 진실이 왜곡될수록 불안에 의한 두려움이 커집니다. 종합적으로 두려움과 거짓의 표현에 의한 신경증은 에니어그램에서 본질의 왜곡된 형태로 표현됩니다. 에니어그램의 왜곡된 성격유형은 정신장애 진단통계메뉴얼(Diagnostic and Statistical Manuel fo Mental Disorder: DSM-IV)의 성격장애[2]로 나타납니다(이근후 외, 1995). 따라서 에니어그램 유형론은 모든 성격장애와 신경장애를 아우를 수 있는 유형학으로 유형특성의 진단은 물론 건강을 위한 예방적 지혜를 제공하고 인간행동을 구체적으로 기술하고 설명하고 있습니다(윤운성, 2004b; 2004e).

---

2) DSM-IV의 5축중 성격장애는 정신지체와 함께 축2로 분류된다. 편집성(망상성) 성격장애(paranoid personality disorder), 분열성 성격장애(schizoid), 분열형(schizotypal), 반사회성(antisocial), 경계성(borderline), 히스테리성(histrionic), 자기애성(narcissistic), 회피성(avoidant), 의존성(dependent), 강박성(obsessive-compulsive), 달리분류되지 않은 성격장애(personality disorder NOS)로 구분된다(이근후 외,정신장애의 진단 및 통계편람 4판, 하나의학사, 1995)

2장

힘의 중심별 명상

1. 머리중심의 명상

2. 가슴중심의 명상

3. 장중심의 명상

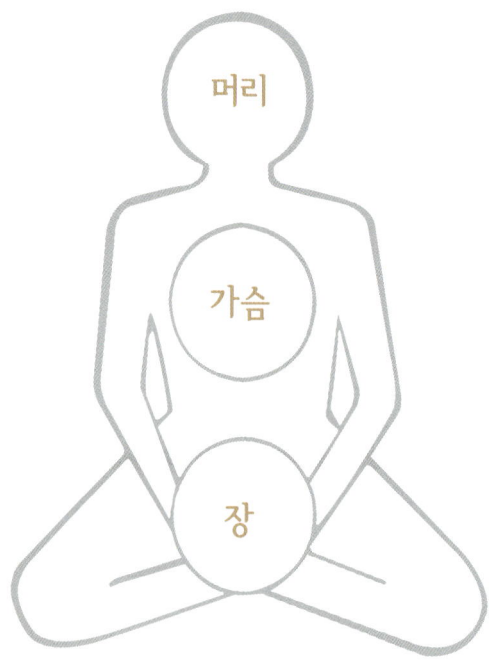

인간은 신체, 정신, 정서로 구성되고, 이들 중 하나에 에너지의 중심을 두고 살아갑니다. 그 에너지의 중심은 감정, 사고, 본능입니다. 달리 표현하면 가슴, 머리, 장으로 구분되고, 그 중 우세한 에너지가 개인들의 삶을 지배하게 됩니다.

우리는 각자 다른 색깔을 지니고 있습니다. 그러나 자신의 집착으로 인해 다른 사람들의 다양한 색깔을 보지 못하는 경우가 있습니다. 에니어그램의 지혜는 자신의 숨겨진 집착을 발견하고 이를 신념과 소명으로 성장시키도록 안내합니다.

인간은 습관적으로 신체에너지, 정서에너지, 인지에너지가 불균형인 삶을 살게 됩니다. 신체의 중심이 불균형을 이루고, 미덕이 아닌 열정의 악덕과 신성한 생각이 아닌 집착에 빠져있습니다. 세 가지 중심이 불균형을 이룬 사람은 성격 왜곡으로부터 자유롭지 못한 상태로 삶에서 고통을 받고 있는 것입니다.

에니어그램에서의 본질은 장(신체), 가슴(감정), 머리(사고)가 균형과 통합을 이루는 것입니다. 이것은 장중심의 생존본능인 자기보존본능, 사회적 본능, 성적본능이 균형을 이루고 가슴중심의 미덕과 머리중심의 신성한 생각이 통합되어 하나가 되는 것입니다.

01 / 머리중심의 명상

머리(사고)에 에너지의 중심을 두고 살아가는 사람들은 자신에게 위협이 되고 불안하게 느껴지는 외부 세계와 깊이 발달한 자신의 내면 세계를 통합하기 위해 끊임없이 생각하며 살아갑니다. 이들은 항상 어떤 일이 일어날지 모른다고 생각합니다. 따라서 이들의 머릿속에는 세상에 대한 '**불안(Anxiety)**'으로부터 벗어날 방법에 대한 생각이 지배적입니다. 이들은 산다는 것은 위험한 일이라고 느끼기 때문에 '**두려움**'을 핵심감정으로 가지고 있습니다.

이들을 위한 명상은 두려움을 해소하는데 초점을 맞춰야 합니다. 마음과 신체를 이완하고 고요함 속에서 평화를 경험하도록 하는 것이 필요합니다.

우리의 본질은 고요한 상태입니다.

고요한 상태가 되면

선입견이나 편견에 사로잡히지 않습니다.

지나치게 안전을 추구하려다 보면 두려움이 싹트고

두려움에 의해 자기집착이 형성됩니다.

지나치게 규칙을 따르려 하면

우주의 본질적 기능인 고요한 상태를 잃어버리게 됩니다.

이는 어린 시절 아버지의 권위에서 출발하여

규칙과 질서에 의존하려는 경향으로 표출됩니다.

자신이 쓸모없고 무능해질지 모른다는 두려움,

지지받지 못할 지도 모른다는 두려움,

박탈당하거나 고통 받을 지도 모른다는

두려움들이 나타나게 됩니다.

머리를 고요하게 하여 지금 이 순간을 자각해 보십시오.

판단하지 마십시오.

있는 그대로 천천히 관찰하십시오.

02 가슴중심의 명상

　가슴(감정)에 에너지의 중심을 두고 살아가는 사람들은 자신의 존재감을 세상과의 관계 속에 있는 자신의 이미지를 통해 확인합니다. 이들은 느낌을 통해 삶을 파악하고 타인과의 관계를 생각하면서 살아갑니다. 자신이 스스로 또는 타인에게 어떻게 보일 것인가에 대한 '자아이미지(Self image)'를 항상 고민하며 자기 자신을 찾기 위해 노력합니다. 이들은 자신의 이미지가 타인에게 어떻게 비추어질까 대해 항상 의식하기 때문에 '부끄러움'을 핵심감정으로 가지고 있습니다.

　이들을 위한 명상은 자기 이미지에 대한 집착을 벗어버리는 것입니다. 지금 이 자리에 존재하는 그 자체로만으로도 행복함을 경험 할 수 있어야 합니다.

우리의 본질은 진실 되고 정직한 것입니다.
정직한 상태가 되면
주변의 평가에 좌우되거나
다른 사람에게 인정을 받아야 한다는 생각에서
자유로워집니다.
지나치게 주변의 인정을 얻으려고 하면
스스로의 이미지에만 초점을 맞추게 됩니다.
지나치게 자기 이미지를 추구하게 되면
본질적 기능인 정직을 잃게 됩니다.
겉모습으로만 인정받고자 하는
사회적 병폐로 나타나는 것입니다.
자신이 사랑 받을 가치가 없어질지 모른다는 두려움,
타고난 재능이 없을지도 모른다는 두려움,
자신이 존재 가치가 없다는 두려움들이 나타나게 됩니다.
가슴을 열고 지금 이 순간을 자각해 보십시오.
있는 그대로를 느끼십시오.

03 장중심의 명상

장(본능)에 에너지의 중심을 두고 살아가는 사람들은 자신들이 스스로 자아라고 여기는 것과 그렇지 않는 것 사이에 벽을 쌓고 살아갑니다. 이들은 자신을 보호하기 위해 끊임없이 타인과 나를 구분하며 '영역 유지(Maintaining boundaries)'를 위해 삶과 투쟁하며 살아갑니다. 이들은 자신의 영역에 다른 사람이 침입하고 도전하는 것에 저항하기 때문에 '분노'를 핵심감정으로 가지고 있습니다.

이들을 위한 명상은 고요함 속에서 천천히 자신을 돌아보는 것입니다. 마음의 눈을 내면으로 돌리고 우주의 따스한 온기를 느끼도록 해야 합니다.

우리의 본질은 분노하지 않고

무게중심을 낮추고 이완하는 것입니다.

분노하게 되면 충동과 본능에 의해 중심을 잃게 됩니다.

지나치게 영역을 확대하기 위해서

힘과 권력을 사용하려다 보니

중심을 잃고 흔들리게 됩니다.

자신의 존재감을 잃고 수동적으로

기계처럼 무감각해지게 되는 것입니다.

다른 사람들에게 통제 당하는 것에 대한 두려움,

혼자 떨어져 나가 고립되는 두려움,

사악하고 부도덕하고

결점이 있을 지도 모른다는 두려움들이 나타나게 됩니다.

실존을 깨닫고 지금 이 순간, 여기에 집중하여

자각해보십시오.

지금 여기에 존재할 때 우주와 소통할 수 있습니다.

지금 여기에서 우주와 하나가 되십시오.

3장 에니어그램 9가지 성격 유형별 명상

1. 1번 유형 : **개혁가** 완전을 추구하는 사람
2. 2번 유형 : **조력가** 타인에게 도움을 주려는 사람
3. 3번 유형 : **성취자** 성공을 추구하는 사람
4. 4번 유형 : **예술가** 특별한 존재를 지향하는 사람
5. 5번 유형 : **사색가** 지식을 얻어 관찰하는 사람
6. 6번 유형 : **충성가** 안전을 추구하는 사람
7. 7번 유형 : **낙천가** 즐거움을 추구하고 계획하는 사람
8. 8번 유형 : **지도자** 사회의 리더로 앞장서는 사람
9. 9번 유형 : **중재자** 조화와 평화를 바라는 사람

01 1번 유형:개혁가 완전을 추구하는 사람

1번 유형들은 매사에 완전을 기하고 스스로의 이상을 건설적인 자세로 추구하며 이를 위한 노력을 아끼지 않습니다. 항상 공정함과 정의를 염두에 두고 정직하고 신뢰할 수 있는 성품으로 자신의 윤리관에 자신감을 갖고 있습니다. 인상이 깔끔하고 항상 자제력을 잃지 않고 '해야한다'는 말을 자주 합니다. '나는 올바른 길을 걷고 있다', '매사를 정확하게 파악하고 있다'는 생각에 만족감을 느낍니다. 이들이 건강할 때는 개미처럼 근면하고 협동심이 강합니다. 그러나 건강하지 못할 때는 테리어 사냥개처럼 먼저 상대를 공격하고 짖습니다. 체구가 작지만 상대에게 겁을 주거나 공격적으로 행동합니다.

먼저 1번 유형의 성격과 특성, 그리고 강점과 약점을 조용히 생각해 봅니다. 1번 유형 성격의 강점은 무엇이며 또 약점은 무엇입니까? 그리고 나한테 '완벽해야 한다'는 1번 유형의 특성이 얼마나 강한지, 또 거기에 얼마나 집착하고 있는지를 살펴보십시오.

이제 '완벽해야 한다'는 나의 성격이 왜 그렇게 강하게 형성되었는지, 거기에 왜 그렇게 집착하고 있는지, 또 나의 그런 성격으로 나와 다른 사람이 얼마나 고통을 받고 있는지를 살펴보십시오.

어린 시절에 부모와 형제에게 받은 영향을 생각해 보십시오. 그리고 여러분에게 중요한 영향을 끼친 다른 사람들, 예를 들어 선생님, 여러분 종교의 성직자, 여러분이 즐겨 읽은 책의 저자나 주인공들을 살펴보십시오. 그들의 성격과 행동, 태도, 가치관 그리고 인생관 등이 어떻게 여러분의 정신 세계에 스며들고 있는지 생생하게 느껴보십시오.

자신의 성격의 문제점과 집착을 깨닫게 되면 "이것은 나의 참 모습이 아니다. 이것은 나의 왜곡된 모습일 뿐이다. 집착에서 벗어나 본래 나의 모습을 회복해야겠다"고 거듭 주문을 외우십시오. 자신의 성격과 성격의 강점과 약점을 확실하게 파악하고, 명상을 통해 성장을 경험한다면 여러분의 입가에는 저절로 미소가 감돌게 될 것입니다.

♧ 1번 유형이 학습효과를 극대화하기 위해서는 아래와 같은 점에 유의해야 합니다.

- 긴장을 해소하는 방법을 배우도록 하세요. 성적의 모든 책임이 전적으로 자신에게 있다든지, 자신이 계획하지 않으면 결과가 엉망으로 나온다고 생각하지 마십시오. 오히려 자신을 이해하는데 시간을 쓰도록 하세요. 성적의 결과가 모두 여러분의 책임만은 아닙니다.

- 여러분이 친구들을 가르치는 경우가 많이 있지만 그로 인해 친구가 곧 변화될 거라고 기대하지는 마세요. 여러분이 옳다고 생각하는 것이 반드시 옳은 것이 아닐 수도 있습니다. 또한 대부분의 사람들이 올바른 일을 하고 싶어하며 원칙적으로 여러분에게 동의 하지만 사람들이 자신을 변화시키는 것은 쉬운 일이 아니라는 것을 알 필요가 있습니다.

- 자신의 감정, 이성에 대한 충동, 공격적인 충동을 이해하는 것이 매우 중요합니다. 감정을 가라앉히기 위해서 일기를 쓰는 것은 매우 유익한 행동입니다.

- 사물이나 다른 사람들을 그 자체 그대로 허용하는 것을 배우십시오. 자신이 다른 사람을 비판하기보다는 지혜롭게 타인과 자신을 이해하도록 노력하십시오.

- 다른 사람들의 말에 귀를 기울이도록 하세요. 그들의 의견도 옳은 것이 많다는 것을 알아야 합니다. 다른 사람들의 말에 귀를 기울임으로써 여러분은 많은 것을 배울 수 있는 기회를 가지게 됩니다.

성찰하기

- 최선을 다 하되, 그 자체로 만족하세요.
- 경험을 통해 배우세요. 실수도 경험이니 배우는 자세로 수용하세요.
- 자신의 내면세계에 좀 더 관심을 가지고 자신이 가지고 있는 좋은 점을 발견하세요.
- 타인을 비판하지 말고 스스로 모범이 되 보세요.
- '충분하다'는 말의 의미를 깨달으세요.
- 용서하세요. 자신도 용서하게 될 것입니다.
- 자신의 기준을 낮추십시오.

02 2번 유형: 조력가 타인에게 도움을 주려는 사람

 2번 유형은 정이 많고 곤경에 빠진 사람들에게 도움의 손길을 뻗치며 주변 사람들에게 도움이 되는 일을 마다하지 않습니다. 타인이 필요로 하는 것에 몰두하지만 정작 자신이 도움이 필요할 때를 알지 못합니다. 예리한 직감을 갖고 있고 주위 사람들의 기분을 이해하고 거기에 맞출 수 있기 때문에 적응력이 뛰어납니다. 또한 다양한 자기 모습을 갖고 있어 상대방에 따라 다른 모습을 연출할 수 있습니다. '남을 도울 힘이 있다'는 것에 가장 큰 만족을 느낍니다.

 이들이 건강할 때는 조건 없이 사랑을 베푸는 세터 사냥개처럼 따뜻한 사랑을 베풉니다. 그러나 건강하지 못할 때는 다정하지만 남의 도움은 절대 받지 않으려는 고양이처럼 독립적인 기색을 띠고 강아지처럼 집요하게 사랑을 갈구합니다.

 먼저 2번 유형의 성격과 특성, 그리고 강점과 약점을 조용히 생각해 봅니다. 강점은 무엇이며 또 약점은 무엇입니까? 그리고 나한테 '베풀어야 한다'는 2번 유형의 특성이 얼마나 강한지, 또 거기에 얼마나 집착하고 있는지를 살펴보십시오.
 이제 '베풀어야 한다'는 성격이 왜 그렇게 강하게 형성되었는지, 거기에 왜 그렇게 집착하고 있는지, 또 나의 그런 성격으로 나와 다른 사람이 얼마나 고통을 받고 있는지를 살펴보십시오.

어린 시절에 부모와 형제에게 받은 영향을 생각해 보십시오. 그리고 여러분에게 중요한 영향을 끼친 다른 사람들, 예를 들어 선생님, 여러분 종교의 성직자, 여러분이 즐겨 읽은 책의 저자나 주인공들을 살펴보십시오. 그들의 성격과 행동, 태도, 가치관 그리고 인생관 등이 어떻게 여러분의 정신 세계에 스며들고 있는지 생생하게 느껴보십시오.

 자신의 성격의 문제점과 집착을 깨닫게 되면 "이것은 나의 참 모습이 아니다. 이것은 나의 왜곡된 모습일 뿐이다. 집착에서 벗어나 본래 나의 모습을 회복해야겠다"고 거듭 주문을 외우십시오. 자신의 성격과 성격의 강점과 약점을 확실하게 파악하고, 명상을 통해 성장을 경험한다면 여러분의 입가에는 저절로 미소가 감돌게 될 것입니다.

♣ 2번 유형이 학습효과를 극대화하기 위해서는
아래와 같은 점에 유의해야 합니다.

- 친구들이 정말로 원하고 있는 것이 무엇인지를 먼저 생각하고 그것이 이루어질 수 있도록 도와주세요. 친구가 정말로 필요로 하는 것에 초점을 맞춤으로써 다른 친구나 자기 자신과의 관계에 억매이지 않고 학습할 수 있게 됩니다.

- 여러분의 친절함이나 사심 없는 봉사 그 자체로 사람들을 끌어당기세요. 보답을 구하지 말고 관대해지세요. 여러분이 진실로 그들을 도와주려 한다면 사람들은 여러분의 존재를 인식하고 여러분에게 도움을 요청할 것입니다.

- 부모나 선생님들을 위해서 공부를 '하고 있다'고 생각하지 마세요. 특히 그들에게 선물을 하거나 지나치게 칭찬함으로써 대접받으려고 해서는 안 됩니다.

- 공부는 그 누구도 아닌 여러분을 위해 하는 것임을 잊어서는 안됩니다.

성찰하기

- 자기 자신과 가장 친한 친구가 되세요.
- 자신을 위해 실제적이고 필요한 일들을 하세요.
- 자신의 감정, 입장, 욕망 등을 찾아보세요.
- 여러분은 '아니오'라고 말할 권리가 있습니다.
- 자신의 욕구를 먼저 살펴보세요.
- 자신의 느낌을 합리화할 필요가 없습니다.
- 여러분은 그 자체로 사랑받는 것이지 여러분이 제공하는 봉사나 서비스 때문에 사랑받는 것이 아닙니다.

03 3번 유형: 성취자 — 성공을 추구하는 사람

 3번 유형은 대체로 효율을 중시하고 성공을 위해서는 자신의 생활을 희생시키더라도 개의치 않습니다. 인생의 가치를 '실패냐 성공이냐'의 두 가지 척도로 보고 실적을 중시하는 정열적인 사람으로 일이나 인간관계에서 성공을 꿈꿉니다. 자신감 있는 모습으로 주위 사람들에게 좋은 인상을 심어주려 하며, '성공했다', '일을 효율적이고 성공적으로 완수해 냈다'는 것에 가장 큰 만족을 얻습니다.

 이들이 건강 할 때는 태양을 바라보는 유일한 새이며 바람의 황제라고 불리는 독수리처럼 날쌔고 힘이 있으며 목표를 향해 열정적으로 달려갑니다. 그러나 건강하지 못할 때는 카멜레온처럼 주위 상황에 따라 능숙하게 자신을 바꾸고 공작새처럼 주변 사람의 반응에 따라 자신을 뽐내려는 행동을 하게 됩니다.

 3번 유형의 성격의 특성, 그리고 강점과 약점을 조용히 생각해봅니다. 강점은 무엇이며 또 약점은 무엇입니까? 그리고 나한테 '성공해야 한다'는 3번 유형의 요소가 얼마나 강한지, 또 거기에 얼마나 집착하고 있는지를 살펴보십시오.

 이제 '성공해야 한다'는 나의 성격이 왜 그렇게 강하게 형성되었는지, 거기에 왜 그렇게 집착하고 있는지, 또 나의 그런 성격으로 나 자신과 다른 사람이 얼마나 고통을 받고 있는지를 살펴보십시오.

어린 시절에 부모와 형제에게 받은 영향을 생각해 보십시오. 그리고 여러분에게 중요한 영향을 끼친 다른 사람들, 예를 들어 선생님, 여러분 종교의 성직자, 여러분이 즐겨 읽은 책의 저자나 주인공들을 살펴보십시오. 그들의 성격과 행동, 태도, 가치관 그리고 인생관 등이 어떻게 여러분의 정신 세계에 스며들고 있는지 생생하게 느껴보십시오.

자신의 성격의 문제점과 집착을 깨닫게 되면 "이것은 나의 참 모습이 아니다. 이것은 나의 왜곡된 모습일 뿐이다. 집착에서 벗어나 본래 나의 모습을 회복해야겠다"고 거듭 주문을 외우십시오. 자신의 성격과 성격의 강점과 약점을 확실하게 파악하고, 명상을 통해 성장을 경험한다면 여러분의 입가에는 저절로 미소가 감돌게 될 것입니다.

♧ 3번 유형이 학습효과를 극대화하기 위해서는
아래와 같은 점에 유의해야 합니다.

- 학습과정에 있어서 정직이 절대로 필요합니다. 자신이 한 것에 대해서 결코 과장하려 하지 마십시오.

- 상대에게 자신이 한 일에 대해 강한 인상을 남기려 하거나 자신이 중요한 인물임을 각인 시키려는 유혹에 빠져서는 안 됩니다.

- 다른 친구들을 지원하고 격려해 주세요. 자신에 대한 칭찬을 기대하기보다는 다른 사람을 칭찬하도록 하세요.

- 성적, 등수 등 눈으로 보이는 결과만이 학습의 전부는 아닙니다. 과정도 중요하다는 것을 잊지 마세요.

성찰하기

- 정직하고 고결한 도덕적 가치와 행동을 겸비한 사람이 되세요.
- 당신과 당신의 일은 엄연히 다릅니다.
- 한 걸음 물러서서 다른 사람이 앞장서도록 하세요.
- 헤드라이트를 낮추고 있는 그대로 자신을 드러내세요.
- 내가 하는 일이나 성과가 아닌 내 자신 때문에 사랑 받는다는 것을 잊지 마세요.
- 좀 더 천천히 가면서 자신의 감정에 귀를 기울이세요.
- 바로 행동하지 말고 잠시 멈추어 보세요.

04 4번 유형 : 예술가 특별한 존재를 지향하는 사람

4번 유형은 자신은 특별한 사람이라고 자부하고 있으며 감동을 중시하고 평범함을 싫어합니다. 다른 사람들보다 슬픔이나 고독에 민감합니다. 타인에 대한 이해심이 많고 사람들을 배려하고 격려하는 것을 좋아합니다. 자신을 드라마 속의 연기자처럼 느끼며, 행동에서 패션에 이르기까지 세련되고 표현력이 풍부하다는 인상을 줍니다.

이들은 '나는 특별한 존재다', '나는 감수성이 풍부하다'라는 자기 모습에 가장 큰 만족을 느낍니다. 이들이 건강할 때는 흑색 경주마처럼 귀족적인 모습을 보이며 진흙을 진주로 변화시키는 진주조개처럼 상실의 체험과 부정성을 아름답고 보편타당한 것으로 승화하는 힘이 있습니다. 그러나 건강하지 못 할 때는 바셋 사냥개처럼 게걸스럽게 감정을 구걸하는 듯한 모습으로 슬픈 표정을 짓습니다. 남과 관계 맺는 방식 또한 야생비둘기처럼 집요하게 사랑을 갈구합니다.

4번 유형의 성격과 특성, 성격의 강점과 약점을 조용히 생각해봅니다. 강점은 무엇이며 또 약점은 무엇입니까? 그리고 나한테 '특별해야 한다'는 4번 유형의 특성이 얼마나 강한지, 또 거기에 얼마나 집착하고 있는지를 살펴보십시오.

이제 '특별해야 한다'는 나의 성격이 왜 그렇게 강하게 형성되었는지, 거기에 왜 그렇게 집착하고 있는지, 또 나의 그런 성격으로 나 자신과 다른 사람이 얼마나 고통을 받고 있는지를 살펴보십시오.

어린 시절에 부모와 형제에게 받은 영향을 생각해 보십시오. 그리고 여러분에게 중요한 영향을 끼친 다른 사람들, 예를 들어 선생님, 여러분 종교의 성직자, 여러분이 즐겨 읽은 책의 저자나 주인공들을 살펴보십시오. 그들의 성격과 행동, 태도, 가치관 그리고 인생관 등이 어떻게 여러분의 정신 세계에 스며들고 있는지 생생하게 느껴보십시오.

 자신의 성격의 문제점과 집착을 깨닫게 되면 "이것은 나의 참 모습이 아니다. 이것은 나의 왜곡된 모습일 뿐이다. 집착에서 벗어나 본래 나의 모습을 회복해야겠다"고 거듭 주문을 외우십시오. 자신의 성격과 성격의 강점과 약점을 확실하게 파악하고, 명상을 통해 성장을 경험한다면 여러분의 입가에는 저절로 미소가 감돌게 될 것입니다.

♣ 4번 유형이 학습효과를 극대화하기 위해서는
아래와 같은 점에 유의해야 합니다.

- 자신의 감정에 지나치게 주의를 기울이지 않아야 합니다. 4번 유형이 범하는 가장 큰 오류 중 하나는 자기 자신과 자신의 감정을 동일시하는 것입니다. 학습을 위해서는 행동하기 전에 자신의 감정, 특히 부정적인 감정을 이해해야 합니다.

- 여러분은 공부하고 있을 때, 즉 자신의 잠재능력을 발동시키고 자기 자신을 실현시킬 때가 최고로 행복합니다. 공허함 속에 있을 때나 영감에 갇혀 있을 때는 '자기자신을 발견'할 수 없을 것입니다.

- 자기연민에 사로잡히거나 부모, 불행했던 어린 시절, 지금까지 달성할 수 없었던 것, 대인관계의 실패 등에서 벗어나십시오. 그리고 다른 사람이 자신을 이해해 주지 않는 데 대한 불만에 사로잡혀서는 안 됩니다.

- 자기존중감이 약해지지 않도록 하세요. 자기존중감이 약해지면 다른 사람이나 사물과의 관계도 악화될 뿐입니다.

성찰하기

- 자신이 특별하다는 생각은 버리십시오.
- 타인의 행복을 진심으로 보살펴주는 충실한 사람이 되십시오.
- 모든 것을 감정에 따라 결정할 필요는 없습니다.
- 감정의 파도에 휩쓸리면 왜 그런지 자문해 보십시오.
- 조바심을 내지 말고, 몸을 움직여 운동하십시오.
- 특별한 것은 보통의 것을 포장한 것에 불과합니다.
- 부정적인 것보다는 긍정적인 것에 집중해 보십시오.

05 5번 유형:사색가 지식을 얻어 관찰하는 사람

5번 유형은 분석력과 통찰력이 뛰어나며 객관적이고 초연한 태도를 일관되게 유지하려고 합니다. 현실을 파악하는 관찰력이 뛰어나지만 말이 적고 태도가 조심스럽습니다. 어리석은 판단을 내리는 것을 두려워하며 일을 시작하기 전에 정보를 열심히 수집해 상황을 정확하게 파악하려고 합니다. 또한 고독을 즐기는 경향이 강하고 자신만의 시간과 공간을 아주 중요하게 여깁니다. '지혜로운 사람', '현명한 사람', '무엇이든지 잘 알고 있는 사람'이라는 자신의 모습에 가장 큰 만족을 드러냅니다.

이들이 건강할 때는 큰 눈으로 소리 없이 비행하고 섭리를 따르는 올빼미처럼 지혜롭습니다. 남의 눈에 띄지 않으려 하지만 드러나는 경향이 있습니다. 그러나 건강하지 못할 때는 비단 털쥐처럼 모든 것을 수집하여 감추려 하고 탐욕스럽습니다. 여우처럼 독불장군이 되고 주변만을 맴돌게 됩니다.

5번 유형의 성격과 특성, 강점과 약점을 조용히 생각해봅니다. 강점은 무엇이며 또 약점은 무엇입니까? 그리고 나한테 '모든 것을 알아야 한다'는 5번 유형의 특성이 얼마나 강한지, 또 거기에 얼마나 집착하고 있는지를 살펴보십시오.

이제 '모든 것을 알아야 한다'는 나의 성격이 왜 그렇게 강하게 형성되었는지, 거기에 왜 그렇게 집착하고 있는지, 또 나의 그런 성격으로 나 자신과 다른 사람이 얼마나 고통을 받고 있는지를 살펴보십시오.

어린 시절에 부모와 형제에게 받은 영향을 생각해 보십시오. 그리고 여러분에게 중요한 영향을 끼친 다른 사람들, 예를 들어 선생님, 여러분 종교의 성직자, 여러분이 즐겨 읽은 책의 저자나 주인공들을 살펴보십시오. 그들의 성격과 행동, 태도, 가치관 그리고 인생관 등이 어떻게 여러분의 정신 세계에 스며들고 있는지 생생하게 느껴보십시오.

자신의 성격의 문제점과 집착을 깨닫게 되면 "이것은 나의 참 모습이 아니다. 이것은 나의 왜곡된 모습일 뿐이다. 집착에서 벗어나 본래 나의 모습을 회복해야겠다"고 거듭 주문을 외우십시오. 자신의 성격과 성격의 강점과 약점을 확실하게 파악하고, 명상을 통해 성장을 경험한다면 여러분의 입가에는 저절로 미소가 감돌게 될 것입니다.

♣ 5번 유형이 학습효과를 극대화하기 위해서는 아래와 같은 점에 유의해야 합니다.

- 지나치게 분석 하지 말고, 잘 관찰하도록 하십시오. 자신의 선입견으로 판단하면 진실이 왜곡될 가능성이 있습니다.

- 늘 열심이고 신경과민이기 때문에 긴장을 해소하기 위해서는 고통이 수반될 것이 분명합니다. 체험을 하거나 신체의 변화와 몸의 감각에 귀 기울이는 것은 긴장의 에너지를 완화하는데 놀랄만큼 도움이 될 것입니다.

- 전체를 파악하는 감각이 모자라다는 것을 자각해야 합니다. 큰 그림을 보려고 노력하십시오.

- 타인의 충고를 수용하는 태도를 보이십시오. 신뢰할 수 있는 친구를 사귀도록 노력하십시오. 열심히 모은 정보를 친구들과 나눠보는 것도 좋습니다.

성찰하기

- 관망을 하는 추종자가 아닌 실행의 리더가 되세요.
- 남들의 감정에 대해 이해하고 진정으로 마음을 써 주는 사람이 되세요.
- 최선을 다하되 있는 그대로의 상태에도 만족할 줄 알아야 합니다.
- 일의 세계는 협력을 필요로 합니다.
- 말을 시작할 때에 당신의 입장을 밝히세요.
- 팀의 목표를 지지하고 도움을 주고 싶다는 것을 알려주세요.
- 머리에 모든 정답이 있는 것이 아닙니다.

06 6번 유형: 충성가 안전을 추구하는 사람

6번 유형은 책임감이 강하고 안전을 추구하는 유형으로 친구나 자기가 믿는 신념에 가장 충실한 사람들입니다. 전통이나 단체에 강한 충성심을 갖고 있으며 공동체에 대한 헌신이 대단합니다. 신중하며 거짓말을 모르는 그들은 협조적이며 조화를 이루고 믿음직스럽습니다. '책임감이 있다', '신실하다' ' 충성스럽고 믿을 만하다'는 말에 가장 큰 만족을 얻습니다.

이들이 건강할 때는 사슴처럼 위험에 대비하는 자세를 갖추고 자신이 속한 조직의 활력을 이끌어냅니다. 고난 가운데서도 살아남을 수 있는 능력을 갖추고 있습니다. 그러나 건강하지 못 할 때는 산토끼처럼 겁이 많고 놀라서 잘 달아납니다. 때로 궁지에 몰렸을 때는 오히려 늑대처럼 공격적으로 변합니다.

6번 유형의 성격과 특성, 강점과 약점을 조용히 생각해봅니다. 강점은 무엇이며 또 약점은 무엇입니까? 그리고 나한테 '믿을 수 있어야 한다'는 6번 유형의 특성이 얼마나 강한지, 또 거기에 얼마나 집착하고 있는지를 살펴보십시오.

이제 '믿을 수 있어야 한다'는 나의 성격이 왜 그렇게 강하게 형성되었는지, 거기에 왜 그렇게 집착하고 있는지, 또 나의 그런 성격으로 나 자신과 다른 사람이 얼마나 고통을 받고 있는지를 살펴보십시오.

어린 시절에 부모와 형제에게 받은 영향을 생각해 보십시오. 그리고 여러분에게 중요한 영향을 끼친 다른 사람들, 예를 들어 선생님, 여러분 종교의 성직자, 여러분이 즐겨 읽은 책의 저자나 주인공들을 살펴보십시오. 그들의 성격과 행동, 태도, 가치관 그리고 인생관 등이 어떻게 여러분의 정신 세계에 스며들고 있는지 생생하게 느껴보십시오.

자신의 성격의 문제점과 집착을 깨닫게 되면 "이것은 나의 참 모습이 아니다. 이것은 나의 왜곡된 모습일 뿐이다. 집착에서 벗어나 본래 나의 모습을 회복해야겠다"고 거듭 주문을 외우십시오. 자신의 성격과 성격의 강점과 약점을 확실하게 파악하고, 명상을 통해 성장을 경험한다면 여러분의 입가에는 저절로 미소가 감돌게 될 것입니다.

♧ 6번 유형이 학습효과를 극대화하기 위해서는 아래와 같은 점에 유의해야 합니다.

- 누구든지 불안한 감정을 가지고 있기 때문에 그런 감정은 이상한 것이 아닙니다. 불안을 진정시키기 위해 자극적인 것에 지나치게 의존하지 말고 자기 자신의 불안을 학습과 창조적으로 연계하도록 하세요.

- 스트레스를 받거나 불안을 느끼고 있을 때 지나치게 반응하는 경향이 있습니다. 자신이 과잉반응을 불러일으키고 있다는 것을 확인하는 법을 배우세요. 또 여러분이 두려워하는 일의 대부분은 실제로는 거의 일어나지 않는다는 것도 이해하기 바랍니다.

- 다른 사람들은 여러분이 상상하는 이상으로 여러분을 긍정적으로 생각하고 있습니다. 걱정에서 벗어나 자기 자신을 신뢰하십시오. 만약 자기 자신을 믿지 않으면 다른 사람들도 여러분을 믿으려 하지 않을 것입니다.

- 타인에게 의존하지 말고 스스로 학습계획을 세우고 실행해 보세요. 학습은 스스로 독립적이고 자립적으로 수행해야 하는 과제입니다.

성찰하기

- 현명한 판단으로 공평한 처세를 하세요.
- 상식에 따라 행동하고 독립심과 자립심을 키우세요.
- 긍정적 목표를 분명하게 밝히세요.
- 나는 지지받기 때문에 걱정할 이유가 없습니다.
- 어두움을 욕하기보다는 촛불을 켜세요.
- 내 확신에 대한 용기를 내세요.
- 나는 항상 타인들과 함께 있다는 것을 잊지 마십시오.
- 긍정적 결정을 통해 두려움으로부터 벗어나십시오.

07 / 7번 유형:낙천가 즐거움을 추구하고 계획하는 사람

7번 유형은 모든 일을 낙관적으로 보려고 하며 밝고 명랑합니다. 그리고 자기 주변에서 즐거움을 찾아내는 능력이 뛰어납니다. 좋아하는 사람들이 주변에 많이 있으며 자기 자신도 매력적인 인간이 되려고 노력합니다. 또한 아이디어와 상상력이 풍부하며 호기심이 많습니다. '항상 즐겁다', '너무나 유쾌하다', '앞으로의 계획이 무궁무진하다'라는 말에 만족을 얻습니다.

이들이 건강할 때는 고통을 겪어 내고 자유로움과 행복을 얻는 나비 같습니다. 그러나 건강하지 못 할 때는 원숭이처럼 모험과 쾌락을 즐기면서 어릿광대처럼 산만함과 즐거움을 추구합니다.

7번 유형의 성격과 특성, 강점과 약점을 조용히 생각해봅니다. 7번 유형 성격의 강점은 무엇이며 또 약점은 무엇입니까? 그리고 나한테 '행복해야 한다'는 7번 유형의 특성이 얼마나 강한지, 또 거기에 얼마나 집착하고 있는지를 살펴보십시오.

이제 '행복해야 한다'는 나의 성격이 왜 그렇게 강하게 형성되었는지, 거기에 왜 그렇게 집착하고 있는지, 또 나의 그런 성격으로 나 자신과 다른 사람이 얼마나 고통을 받고 있는지를 살펴보십시오.

어린 시절에 부모와 형제에게 받은 영향을 생각해 보십시오. 그리고 여러분에게 중요한 영향을 끼친 다른 사람들, 예를 들어 선생님, 여러분 종교의 성직자, 여러분이 즐겨 읽은 책의 저자나 주인공들을 살펴보십시오. 그들의 성격과 행동, 태도, 가치관 그리고 인생관 등이 어떻게 여러분의 정신 세계에 스며들고 있는지 생생하게 느껴보십시오.

자신의 성격의 문제점과 집착을 깨닫게 되면 "이것은 나의 참 모습이 아니다. 이것은 나의 왜곡된 모습일 뿐이다. 집착에서 벗어나 본래 나의 모습을 회복해야겠다"고 거듭 주문을 외우십시오. 자신의 성격과 성격의 강점과 약점을 확실하게 파악하고, 명상을 통해 성장을 경험한다면 여러분의 입가에는 저절로 미소가 감돌게 될 것입니다.

♣ **7번 유형이 학습효과를 극대화하기 위해서는**
　　　　　　　　　　　　　　아래와 같은 점에 유의해야 합니다.

- 충동적으로 행동하지 않도록 조심 하세요. 자신의 충동을 관찰하는 습관이 필요합니다.

- 다른 사람들이 말하는 것에 귀를 기울이는 법을 배우도록 하세요. 타인의 이야기는 아주 재미있고, 새로운 세계를 열어줍니다.

- 지금 이 순간 많은 것을 갖고 있지 않아도 됩니다. 내일 새로운 것들을 손에 넣을 수도 있습니다.

- 무언가를 경험하려 할 때 양보다도 질을 선택하도록 하세요. 질 높은 체험을 통해 만족감에 이를 수 있습니다.

성찰하기

- 행복은 흥분과 감정에 있는 것이 아니라 단순하고 평범한 곳에도 있습니다.
- 프로젝트의 부정적인 측면이 있는지 자문하세요.
- 중간에 포기하지 말고 선택한 결과를 참고 견뎌내세요.
- 계획을 구체화하세요.
- 내가 있는 지금 여기에 정착하고 자신의 중심을 찾으세요.
- 행복은 내면적 작업입니다.
- 약속을 신중하게 하세요.

08 8번 유형 : 지도자 사회의 리더로 앞장서는 사람

8번 유형은 자신이 옳다고 생각하는 것에 대해서는 전력을 다해 싸우는 전사입니다. 용기와 힘이 넘치고 허영심 등을 재빠르게 꿰뚫어보며 그것에 결연히 대항합니다. 권력구조를 파악하는 능력이 뛰어나며 자신의 강한 힘을 발휘할 수 있는 위치를 확보하는 능력도 갖추고 있습니다. 거드름을 피우지 않고 성실하며 약자를 옹호하고 보호하려고 합니다. '할 수 있다', '힘이 넘친다'라는 자신의 모습에 가장 만족을 느낍니다.

이들이 건강할 때는 호랑이처럼 힘과 생명력이 있습니다. 그러나 건강하지 못 할 때는 코뿔소처럼 둔하고 껍질이 두껍고 일단 화가 나면 다짜고짜 공격을 합니다.

8번 유형의 성격과 특성, 강점과 약점을 조용히 생각해봅니다. 8번 유형 성격의 강점은 무엇이며 또 약점은 무엇입니까? 그리고 나한테 '강해야 한다'는 8번 유형의 특성이 얼마나 강한지, 또 거기에 얼마나 집착하고 있는지를 살펴보십시오.

이제 '강해야 한다'는 나의 성격이 왜 그렇게 강하게 형성되었는지, 거기에 왜 그렇게 집착하고 있는지, 또 나의 그런 성격으로 나 자신과 다른 사람이 얼마나 고통을 받고 있는지를 살펴보십시오.

어린 시절에 부모와 형제에게 받은 영향을 생각해 보십시오. 그리고 여러분에게 중요한 영향을 끼친 다른 사람들, 예를 들어 선생님, 여러분 종교의 성직자, 여러분이 즐겨 읽은 책의 저자나 주인공들을 살펴보십시오. 그들의 성격과 행동, 태도, 가치관 그리고 인생관 등이 어떻게 여러분의 정신 세계에 스며들고 있는지 생생하게 느껴보십시오.

자신의 성격의 문제점과 집착을 깨닫게 되면 "이것은 나의 참 모습이 아니다. 이것은 나의 왜곡된 모습일 뿐이다. 집착에서 벗어나 본래 나의 모습을 회복해야겠다"고 거듭 주문을 외우십시오. 자신의 성격과 성격의 강점과 약점을 확실하게 파악하고, 명상을 통해 성장을 경험한다면 여러분의 입가에는 저절로 미소가 감돌게 될 것입니다.

♣ 8번 유형이 학습효과를 극대화하기 위해서는
아래와 같은 점에 유의해야 합니다.

- 상대에게 양보하는 법을 배우도록 하세요. 언제나 여러 사람을 지배하려는 욕구는 여러분의 자만이 커지고 있다는 신호이며, 다른 사람들과 심각한 충돌을 피할 수 없다는 위험신호입니다

- 자신에 대한 지배력에 걱정하게 됩니다. 자신의 과잉 지배는 착각일 수 있습니다.

- 다른 사람들이 여러분을 존경할 때 진정한 힘이 생깁니다. 여러분의 경제력과 권력은 힘의 원천이 아닙니다.

- 친구나 선생님의 충고도 귀중한 길라잡이가 될 수 있습니다. 타인의 조언에 귀 기울이는 것이 도움이 될 수 있습니다.

성찰하기

- 진심으로 다른 사람의 감정에 마음을 써 주는 사람이 되세요.
- 지배하려 하지말고 좋은 일을 해준다고 생각하세요.
- 귀담아 듣고 협상하는 습관을 기르세요.
- 마구 밀어붙여도 괜찮을 것이라고 생각하지 마세요.
- 다른 사람들도 감정이 있다는 것을 기억하세요.
- 충돌보다 협력이 좋습니다.
- 행동을 하기 전에 침착하게 생각합니다.

09 9번 유형 : 중재자 조화와 평화를 바라는 사람

 9번 유형은 갈등이나 긴장을 피하는 평화주의자로 자신의 내면이 혼란스러워지는 것을 싫어합니다. 다른 사람들에게 쉽게 동화되기 때문에 주위 사람들의 영향을 받기 쉽습니다. 그러나 좋은 환경에 있으면 마음이 넓고 동요되는 일이 없으며 강한 인내심을 보입니다. 편견이 없고 다른 사람의 기분을 이해할 줄 알기 때문에 타인의 고민을 잘 들어줍니다. '안정감이 있고 조화로운 사람이다'라는 말에 가장 큰 만족을 느낍니다.
 이들이 건강할 때는 일명 바다의 화해자라 불리는 돌고래처럼 놀이를 즐기고 생태계를 유지하며 다른 사람들에게 우호적인 태도를 가집니다. 그러나 건강하지 못 할 때는 코끼리처럼 먹이를 짓밟고 주변을 쑥대밭으로 망쳐버릴 수 있습니다.

 9번 유형의 성격과 특성, 강점과 약점을 조용히 생각해봅니다. 9번 유형 성격의 강점은 무엇이며 또 약점은 무엇입니까? 그리고 자신의 성격 중에서 '평화로워야 한다'는 9번 유형의 특성이 얼마나 강한지, 또 거기에 얼마나 집착하고 있는지를 살펴보십시오.
 이제 '평화로워야 한다'는 나의 성격이 왜 그렇게 강하게 형성되었는지, 거기에 왜 그렇게 집착하고 있는지, 또 나의 그런 성격으로 나 자신과 다른 사람이 얼마나 고통을 받고 있는지를 살펴보십시오.

어린 시절에 부모와 형제에게 받은 영향을 생각해 보십시오. 그리고 여러분에게 중요한 영향을 끼친 다른 사람들, 예를 들어 선생님, 여러분 종교의 성직자, 여러분이 즐겨 읽은 책의 저자나 주인공들을 살펴보십시오. 그들의 성격과 행동, 태도, 가치관 그리고 인생관 등이 어떻게 여러분의 정신 세계에 스며들고 있는지 생생하게 느껴보십시오.

자신의 성격의 문제점과 집착을 깨닫게 되면 "이것은 나의 참 모습이 아니다. 이것은 나의 왜곡된 모습일 뿐이다. 집착에서 벗어나 본래 나의 모습을 회복해야겠다"고 거듭 주문을 외우십시오. 자신의 성격과 성격의 강점과 약점을 확실하게 파악하고, 명상을 통해 성장을 경험한다면 여러분의 입가에는 저절로 미소가 감돌게 될 것입니다.

♧ **9번 유형이 학습효과를 극대화하기 위해서는**
                              아래와 같은 점에 유의해야 합니다.

- 평화를 유지하기 위해 다른 사람들을 그냥 따라가고 행동하는 것을 주의하십시오. 진정한 평화는 다른 사람들을 따라가는 가는 것이 아닙니다.

- 자기 자신의 주장을 내세우기도 하세요. 지금 일어나고 있는 일들에 주의를 기울이십시오.

- 지금의 상황에 초점을 두고 선택과 집중을 하십시오. 위기에 부딪히면 회피하지 말고 해결하도록 노력하십시오.

- 분명한 목표를 세우고 행동에 옮겨야합니다. 목표를 달성하는데 장애물이 있어도 의지를 가지고 나아가십시오.

성찰하기

- 매사에 확신과 방향감을 갖고 행동하세요.
- 당신의 의도를 분명하게 기술하세요.
- 결정한 일을 질질 끌고만 있지 마세요.
- 선택과 집중을 하십시오.
- 신뢰, 권력, 책임 등을 다른 사람에게 떠넘기지 마세요.
- 화합과 일치도 중요하지만 효과적인 평가 기준을 생각하세요.
- 문제를 직면하십시오. 문제가 저절로 없어지는 것이 아닙니다.

4장
9가지 성격유형의 신성한 생각

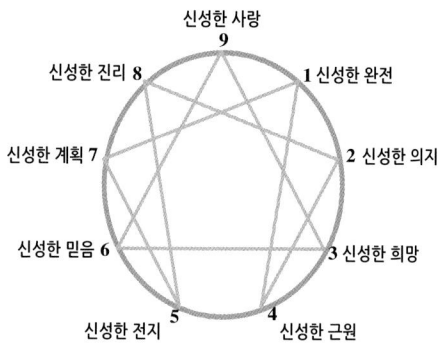

 에니어그램은 궁극적으로 통합의 철학이며 통합과 완전을 지향합니다. 명상은 이러한 각 유형이 보여주는 통합적 지향점 즉 신성한 생각(사고)를 찾아가도록 안내하는 것입니다.

 에니어그램은 인간의 선한 본질과 9가지 집착에 의해 형성되는 성격을 설명하고 있습니다. 사람들이 본질 상태에 있을 때는 완벽하고 두려움이 없으며 우주와 조화를 이루면서 사랑의 단일체를 만듭니다. 머리, 가슴, 장 사이의 갈등도 없고 사람과 사람사이에도 갈등이 없습니다. 그러나 이러한 본질에서 멀어지면 성격적 왜곡현상이 일어나 마치 주인 없이 종들만 있는 집에서 각자 자기 역할을 하지 않고 멋대로 행동하여 혼란이 일어나는 것과 같은 일이 벌어집니다.

신성한 생각(Holy idea)은 이에 상응하는 미덕을 가지고 있습니다. 미덕(virtue)은 깨달음 상태에서 자연스럽게 표출됩니다. 미덕은 선한 인간 본연의 상태에서 가슴으로 느끼는 근원적인 특성입니다. 주관적인 자아, 즉 에고 상태에서는 이런 미덕을 느끼지 못합니다. 열정(passion)은 본래의 자아모습을 상실함에 따라 일어나는 기본적인 반응입니다. 우리 내면에 깔려있는 상처와 부끄러움, 슬픔 그리고 상실감이 커지면 이를 극복하기 위해 특별한 방식을 선택하는 데 이것을 열정이라고 합니다. 이러한 열정은 일시적으로 긍정적인 효과를 가져오기도 하지만 인간 본질을 찾는 바른 전략이라 할 수 없습니다. 오히려 개인의 열정의 원인을 이해하고 이를 의식함으로써 미덕을 회복할 수 있습니다(구태원, 도홍찬 역 2003; 윤운성 외 역, 2010).

1번 유형 개혁가

'지금 여기'에 있을 때 여러분의 삶이 완전하게 넓어지는 것을 경험합니다. 자신의 좁은 시야가 우주적 관점으로 넓어지면서 자유로워집니다.

신성한 완전

여러분이 '지금 여기'에 머물 수 있다면 이 순간은 항상 완전합니다. 현존하는 그 자체가 완전함이며, 그 과정을 믿는 것이 완전함입니다. 머리 속에서 힘들었던 상황을 떠올려 보십시오. 고통을 이겨내기 위해서는 자연스레 타인의 도움을 받아야 합니다. 여러분은 지지받고 있습니다. 신성한 완전을 깨달으면 자신이 가진 제한적인 시야로는 큰 그림을 그릴 수 없다는 것을 알게 됩니다. 눈에 보이는 모습 그 이면에 존재하는 것을 보아야만 합니다. 지금 이 순간에 여러분은 하나가 되고, 완전한 존재가 됩니다.

2번 유형 조력가

 남을 도와주는 것은 보상을 바라고 하는 행동이 아닙니다. 지금 이 순간 오로지 여러분의 의지로 여러분의 행복을 위해 무언가를 할 때 활력이 넘치고 행복해집니다.

신성한 의지

 신성한 의지는 억지로 만들어 지는 것이 아니라 의식 그 자체입니다. 여러분은 의지를 가진 주체입니다. 주변의 환경에 따라 휘둘리게 되면 여러분은 감당할 수 없는 삶을 살게 됩니다. 보여지는 모든 현실은 사실상 신의 영역이라는 것을 인정해야 합니다. 여러분은 집착에서 벗어나야 자유로울 수 있습니다. 세상의 모든 일들이 여러분의 도움이 아닌 신(Divine)의 의지로 진행된다는 것을 깨달을 때 자유로워질 수 있습니다.

3번 유형 성취자

지금의 성과는 모든 것들이 서로 연결되어 이루어지는 것입니다. 지금 이 순간에 이룬 업적들은 인류 발전에 희망을 주는 것들입니다.

신성한 희망

신성한 희망은 자신만이 무엇을 성취할 수 있다든가 모든 성취의 결과가 자신을 통해서만 이루어질 수 있다는 잘못된 인식을 바로 잡아줍니다. 본질이 하나임을 경험함으로써 모든 것이 하나라는 것을 알게 됩니다. 모든 것은 함께 일어나기 때문에 혼자서 무언가를 성취할 수는 없습니다. 또한 신은 인류를 좋은 방향으로 이끌고 있다는 것을 알게 되고 신성한 경험의 기회를 가질 수 있습니다.

4번 유형 예술가

자신은 타인과는 다른 독특한 개성을 가지고 있는 존재임을 깨달을 때 창조성을 발휘하며 행복해집니다. 자신의 우주의 한 부분이며 우주 속에 존재합니다.

신성한 근원

자신이 현실에 근거한 존재임을 확인할 때 여러분의 정체성과 존재감을 자각하게 됩니다. 여러분은 진실한 정체성 즉 '신성한 근원'으로서 '본질(essence)'을 경험해 왔습니다. 사람들은 현실과 동떨어진 삶을 살지는 않으며 사람들은 대체로 현실에 발붙이고 있습니다. 우주의 모든 것은 거대한 창조물이며 여러분은 그것의 한 부분이고 이 사실을 거스를 수 없습니다.

5번 유형 사색가

자신의 감각을 열고 있는 그대로 관찰할 때 여러분이 가진 편견에서 해방되어 객관적으로 자유롭게 볼 수 있습니다.

신성한 전지

본질에 대한 직접적 지식과 우주는 인간을 통해 그 자체를 드러냅니다. 진정한 지성을 통해 사물은 명확해지고 자아가 가지고 있는 얄팍한 지식으로 그릇된 편견에 사로잡히지 않습니다. 완전한 지성을 통해 끊임없이 변화하는 현실조차도 명료하게 볼 수 있습니다. 그로부터 명료하게 사물을 지각하는 경험을 할 수 있으며, 우리의 의식이 막힘 없이 자유로울 수 있으며, 무엇에도 얽매이지 않고 사물을 쳐다볼 수 있습니다. 현실이 투명하게 지각되어 억지로 이해하려 노력하지 않아도 됩니다.

6번 유형 충성가

다른 사람과 일방적인 관계가 아니라 서로에게 지지받고 있다는 것을 깨달아 확신에 찬 자신감을 갖게 합니다. 스스로에 대한 신뢰와 자존감이 용기 있는 행동으로 이어집니다.

신성한 믿음

신성한 믿음은 무언가를 단순히 믿고 따른다는 것을 의미하지는 않습니다. 이는 진심에서 우러난 자발적 지지와 지원의 경험입니다. 우리는 평범한 육체를 가진 인간이지만 영적인 존재이기도 합니다. 여러분은 우주의 한 부분이며 우주의 원리 속에 존재하는 신성한 피조물입니다. 신이 인간을 포함한 우주 생명체를 만들 때는 모두 신성한 목적을 가지고 만들었습니다. 자신은 신성한 피조물이고 자발적으로 무언가를 행할수 있다는 깨달음과 자신감이 신성한 믿음의 근원입니다. 이러한 신성한 믿음을 통해 자신에 대한 회의나 편견을 갖지 말고 자발적으로 행동하기 위한 용기를 가져야 합니다.

7번 유형 낙천가

지금 이 순간에 집중할 때 시야가 넓어지고 실현가능한 계획을 가지게 됩니다. 거창한 것을 이루지 않더라도 계획 자체가 행복과 기쁨의 원천이 됩니다.

신성한 계획

현실에 만족하지 못하고 새로운 것을 찾고 신기한 것을 추구하는 것만이 여러분의 존재가치를 드러내지는 않습니다. 지금 여기 이순간에 벌어지는 평범한 일상들이 여러분이 경험할 수 있는 최적의 경험들입니다. 흔치 않는 특별한 것, 대단한 것만이 만족감을 줄 수 있다고 생각하지만 소소한 작은 일상들이 오히려 더 큰 행복을 준다는 것을 알게 됩니다. 여러분의 영감조차도 신성한 계획의 일부입니다. 여러분이 일상에 감사하는 마음을 가지고 있다면 이런 작은 계획들이 우리의 존재감을 깨닫게 하고 자신의 정체성을 알게 합니다. 신성한 계획을 준비하고 실행하는 과정 자체가 곧 인생인 것입니다.

8번 유형 지도자

지금 여기에 있을 때 힘의 원천은 진리입니다. 진리를 위해 힘과 권력을 사용할 때 더욱 용감해지며 자유로움을 느낍니다.

신성한 진리

신성한 진리는 "모든 것은 하나로 통한다"는 말과 일맥상통합니다. 개념적으로만 머릿속에 맴돌던 단편적인 생각들을 경험을 통한 "앎"이라는 통찰력으로 바꾸어 줍니다. 세상에는 단 하나의 실재가 존재할 뿐이며 일상의 모든 것들은 사실상 같습니다. 형태가 있든 없든, 존재하듯 존재하지 않든 각기 다른 모습으로 존재하는 모든 것들이 하나의 진리입니다. 어떤 것만이 진실이고 나만이 옳은 것이 아닙니다. 우주는 모두 통한다는 신성한 진리 안에서 우리 모두는 평화로울 수 있고 자유로울 수 있습니다.

9번 유형 중재자

지금 여기에 있을 때 우리는 서로 사랑으로 연결되어 있습니다. 진실된 사랑으로 서로를 구속하지 않고 연결되어 있어 오히려 자유롭습니다.

신성한 사랑

모든 것은 신의 사랑으로부터 만들어졌습니다. 이것을 알면, 우리는 믿음을 가질 수 있으며 그 믿음 안에서 휴식을 취할 수 있습니다. 신은 우리를 있는 그대로 사랑하십니다. 우리는 신의 형상을 본따 창조되었습니다. 여러분들이 동정심이나 고결해지려는 욕망에 흔들리지 않는다면 진정한 사랑을 나눌 수 있게 됩니다. 신성한 사랑은 현실을 포용하고 그 자체를 받아들임으로써 영혼이 더 아름답고 자유로워지는 데 영향을 미칩니다. 사랑은 진리가 하나임을 깨닫게 하는 것으로 모든 경계와 방어막을 녹여 버리는 힘입니다. 사랑은 노력으로 되는 것이 아니라 나를 포함한 모든 존재를 인정하면서 생기는 것입니다.

5장 에니어그램 명상의 실제

1. 행동의 세 가지 법칙과 주의 집중 훈련
2. 치유 명상
3. 자각 명상
4. 9가지 에니어그램 명상순서
5. 에니어그램 9단계 명상
6. 현존명상 (지금 이순간의 지혜)
7. 상황별 명상훈련
8. 세 중심의 균형 훈련

01 행동의 세 가지 법칙과 주의집중훈련

　습관적 에너지가 어디에 집중하고, 어떻게 이동하는지를 잘 관찰하는 것은 명상의 출발입니다.

　궁극적으로 사고가 어떻게 작동하고, 심장이 무엇을 느끼고, 신체가 무엇을 행하려 하는지를 관찰함으로써 자신의 에니어그램 성격유형을 발견하게 됩니다. 이를 통해 자신의 강점과 약점을 알게 되고 이를 극복하고, 통합하는 과정에서 성장하게 됩니다. 이러한 습관적 에너지의 흐름을 자각하는 자기 관찰은 일상의 모든 장면에서 자연스레 행해져야 합니다. 습관화된 자기 관찰은 자신이 누구인지를 자각하게 되고 이를 실천함으로써 영적 성장을 가져오게 됩니다. 또한 학습과 같은 현실적인 장면에도 많은 도움을 줍니다.

　관찰의 다음 단계는 관리입니다. 습관적 에너지 흐름을 알게 되면 이것이 부정적으로 반응할 때 어떻게 관리해야 하는 지도 알게 됩니다. 또한 나에 대한 관찰 능력은 타인을 애정 어린 눈으로 관찰하여 이해하고 통찰할 수 있는 능력도 줍니다. 특히 자기인식과 자기이해를 발달시키는 것이야말로 훌륭한 자기관찰자가 되는 길입니다.

| 습관적 에너지 ▶ | 자 각 ▶ | 실천하기 ▶ | ⊙ | 영적성장 ▶ |

- 주의(attention) 집중이 변하는 방향에 따라 에너지가 이동합니다.
- 주의와 에너지 관리는 자기 관찰을 필요로 합니다.
- 자기 관찰을 습관화하기 위해서 끊임없는 연습이 필요합니다.

규칙적인 신체 훈련을 통해 신체적 건강을 유지하는 것과 마찬가지로 자기관찰 역시 연습과 실천이 매우 중요합니다. 자기 관찰 능력을 발달시키기 위한 첫 단계로 숨쉬기와 중심화[3]를 익힐 필요가 있습니다.

---

[3] 힘의 중심, 자아의식, 행동방식, 생존본능, 하모니, 생명의 힘(적극적, 수용적, 균형적) 등을 중심화하는 것입니다.

실행 매뉴얼

1) **의자에 앉아 다리를 꼬지 말고 발바닥을 바닥에 편안하게 대십시오.**

    외부적인 환경을 차단하고 집중하기 위해 편안하게 눈을 감으십시오.

2) **숨을 들이마시고 내쉬면서 숨쉬기에만 집중하십시오.**

    온몸을 천천히 이완시키십시오. 모든 것을 수용할 수 있도록 마음도 이완하십시오. 숨쉬기는 자신의 내면을 바라볼 수 있는 좋은 방법입니다. 왜냐하면 숨쉬기는 인간이 살아있는 한 언제나 계속되며 아무런 가치를 추구하지 않는 행동이기 때문입니다. 어떤 내용도 없고 어떤 논점도 없는 행위인 것입니다.

3) **숨이 다할 정도로 깊이 숨을 들이 마십시오.**

    몸을 중력의 중심에 넣을 듯 깊이 호흡하십시오. 가슴을 열고 깊은 내면에 여러분과 타인을 받아들이기 위한 편안한 자리를 만드십시오.

4) **우주의 기운이 여러분의 마음에 머물 수 있도록 잠깐 숨을 멈추었다가 편안히 내뱉으십시오.**

5) 여러분이 호흡하는 사이 모든 사고, 느낌, 감각이 단순화 됩니다.

초점을 호흡에 두십시오.

숨쉬기가 계속되는 동안 편견과 반응에서 자유로워질 것입니다.

6) 이제 천천히 초점을 외부의 환경으로 돌리십시오.

의자에 앉아 있는 자기 자신을 깨닫고 느끼도록 하십시오. 주위의 소리에 귀를 기울이면서 천천히 눈을 뜨십시오.

02 / 치유 명상

사람이 행복하게 살아가기 위해서는 집착에서 벗어나야 한다는 것을 알고 있습니다. 그러나 자신이 동일시하는 것을 버리지 못하는 이유는 무의식적인 두려움이 존재하기 때문입니다. 이를 치유하기 위해서는 습관화된 아집과 편견으로 가득 찬 자신을 사라지게 해야 합니다. 습관적이고 고착적인 자아는 없어지고 인간의 본질에 다가감으로써 진정한 치유가 일어나기 때문입니다.

실행 매뉴얼

1) 신체를 깨우십시오.

자신을 방어하려 하지 말고 흐름에 편안하게 몸을 맡긴다면 습관화된 아집과 편견으로 가득한 여러분은 사라질 것입니다. 몸은 의식 성장에 있어 매우 중요합니다. 몸은 항상 '지금 여기'에 있습니다. 머리는 미래에 있고 가슴은 과거에 있어도 몸은 항상 여기에 있습니다. 따라서 몸의 감각을 지각하면 현재에 존재할 수 있게 됩니다(의식적으로 먹기, 이완 운동, 의식적으로 숨쉬기, 의식적으로 걷기 등).

2) 고요한 상태를 유지하십시오.

자신이 원하는 대로만 하려는 아집을 버린다면 습관화된 아집과 편견으로 가득 찬 여러분은 사라질 것입니다. 삶을 지루하고 재미없게 만드는 것은 여러분의 습관적인 행동과 집착입니다. 자신의 생각에 휩싸여 그것과 싸우지 마십시오. 잠시 생각의 흐름을 멈추고 그냥 그대로 놓으십시오. 판단하지 마십시오. 고요한 상태로 머무십시오. 공부나 잡다한 걱정거리에 매달리지 않을 때 창조적인 영감이 떠오릅니다.

3) 가슴을 여십시오.

자신을 자신이 만든 이미지와 동일시하여 틀에 가두지 않는다면 습관화된 아집과 편견으로 가득찬 여러분은 사라질 것입니다. 의식의 성장은 가슴을 여는 감동이 없이 일어나지 않습니다. 감정은 사랑의 움직임입니다. 진정으로 아는 것은 머리가 아니라 가슴입니다. 슬픔과 고통의 근원을 탐색하십시오. 그 뒤에는 사랑이 있습니다. 용서하십시오.

03 자각 명상

 명상은 의식적으로 행동하고 반복적으로 내면화하여 자신에게 집중하는 것이며, '지금 여기'에 머무르는 것입니다. 자기 자신에게 집중하는 것은 나의 생명과 만나고 본질에 이르는 순수의식입니다. 자신을 버림으로써 오히려 자신을 자각하게 되고 이를 통해 본질에 가까워지는 것입니다.

실행 매뉴얼

1) 조용한 상태에서 천천히 눈을 감고 숨을 깊게 들이마시고 천천히 내쉽니다.

2) 호흡에 모든 것을 집중하세요.

3) 들이마시면서 입꼬리를 위로 올리고 웃어보십시오. 내쉬면서 내 몸의 전체에 웃음을 보내십시오.

4) 다시 들이마시면서 우주의 에너지를 기도를 통해 가슴으로 그리고 장까지 들어와 장에서 에너지를 모으십시오. 장이 이완되고 가슴이 열리고 정신이 맑아지는 것을 느껴보십시오.

5) 아무런 생각도 하지 말고 오로지 온몸의 감각을 느끼면서 호흡에 집중하십시오. 숨을 들이마시면서 이 순간을 느껴보십시오. 이 순간은 행복한 순간입니다.

6) 숨을 쉬면서 고요한 침묵의 상태를 유지 하십시오.

　침묵을 통하여 우리가 누구인지를 깨달을 수 있고, 자신이 신의 선물임을 알 수 있습니다. 침묵은 우리를 깨어나게 하며, 두려움의 소리조차도 듣게 합니다. 침묵 속에서 분노하고 교만하고 기만하고 선망하고 지적 탐욕에 빠지고 의심하고 도피하고 과도한 욕망으로 행동하고 자기를 망각하는 소리를 들을 수 있습니다. 이러한 소리들이 여러분을 공격적으로 만들고 마음을 흔들어 통합을 방해하고 있습니다.

7) 마음이 점점 고요해지는 것을 느끼십시오.

마음 깊은 곳의 행복을 만나기 위해서는 고요함이 필요합니다. 마음이 고요해지면 여러분은 오로지 자신에게만 충실할 수 있습니다. 고요해 질 때 온전하게 이 순간을 맞이할 수 있습니다. 우리 영혼 안에는 쉽게 들을 수 없는 우주의 소리가 있습니다. 마음 속에 있는 작은 우주와 만나 이러한 소리에 귀 기울여 보십시오. 지금껏 느껴보지 못한 기쁨과 우주적 존재감으로 행복해질 것입니다. 내면의 모든 것에 주의를 집중하십시오.

8) 모든 것을 지금 여기에 내려 놓으십시오.

공부도, 시험도, 친구 문제도 모두 다 내려놓고 정신이 어떻게 움직이고, 가슴이 무엇을 느끼는지, 몸이 무엇에 반응하는지를 관찰해보세요. 자기인식과 자기이해를 위해서 내면에 흐르는 사고, 감정, 행동을 관찰해 보십시오. 습관적인 에너지가 어디로 집중되고 있는지를 알아차려 봅시다.

몸의 감각을 알아차린다면 '지금 여기'에 있게 됩니다. 일상적인 일들에 매달리지 않는다면 창조적인 영감이 떠오를 것입니다. 나 자신을 가두지 않는다면 가슴은 열릴 것입니다. 슬픔과 고통의 근원을 깊게 탐색하면 그 뒤엔 사랑이 있을 것입니다. 사랑을 느끼십시오.

9) 머리, 가슴, 장을 놓아버리세요.

본질적 자기는 이 순간의 경험에 집중하면 접할 수 있습니다. 본질은 우리가 두려워하는 것 또는 저항하는 것을 아는 것입니다. 무엇이 두려운 대상인지를 모르기 때문에 자아를 보호하기 위해 방어하는 것입니다.

모든 것을 버리고 지금 여기에 머물러 보십시오. 그러면 우리는 분리된 객체가 아닌 우주와 하나가 될 것입니다. 만물을 받아들여 봅시다. 나는 우주에서 가장 소중하고 유일합니다.

10) 무조건적인 사랑을 하십시오.

'사랑해야 한다'는 의무감이 아니라 '삶'으로서의 사랑을 깨달아야 합니다. 순수하게 느껴보십시오. 인정 받고 가치로워지기 위해 무언가를 해야 한다는 강박관념을 버리고 순수하게 나를 느끼십시오. 평정심을 가지고 나 자신을 온전하게 사랑하십시오. 무언가가 되기 위해 매달리지 않는다면 삶은 더 풍요로워 질 것입니다.

11) 깊게 호흡하면서 천천히 이완하십시오.

성적을 올리려고 불안해하지 않으면 오히려 진정한 깨달음에 의해 자유로워질 수 있습니다. 깊게 호흡하면서 여기와 지금을 느끼십시오. 내가 가족과 친구, 선생님들로부터 지지받고 사랑받고 있다는 것을 깨달으십시오.

그동안 '나'라고 착각했던 지금의 나를 버리고 공의 상태, 무념의 상태로 돌아갑니다. 비어있으나 가득차고 경험하는 것과 경험하는 자가 하나인 해방의 상태로 진입하고, 개인적 존재와 우주적 존재가 하나가 된 참 나와 만나게 됩니다.

04 에니어그램 9가지 명상순서

에니어그램에서는 사람의 성격을 9가지로 분류합니다. 궁극적으로는 이 9가지 성격을 통합하여 인간의 본질인 영성을 찾는 것입니다. 에니어그램 명상법은 이러한 9가지 성격들을 통합적으로 추구하는 방식이기 때문에 '9명상'이라고 합니다.

9명상의 기본은 각 성격이 가지고 있는 방어적인 반응을 잘 살펴보고 이를 자각한 후 놓아 버렸을 때 진정한 영적 자유의 상태가 된다는 것입니다. 놓아버림을 연습함으로써 자신을 깨닫는 경험은 더 깊고 넓어집니다. 무엇보다 9가지의 방어적 반응은 모든 사람이 일상에서 집착할 수 있는 것이기 때문에 이를 하나씩 생각하며 명상하는 것은 통합으로 향하는 출발선이 됩니다.

모든 문제 해결의 과정은 통합의 과정이기도 합니다. 통합의 출발점은 우리가 동일시하는 것, 두려워하는 것, 저항하는 것을 인지하는 것입니다. 즉 우리의 관심을 지금 이순간의 경험에 집중하여 이를 자각하고 놓아버리는 것입니다. 의식 수준이 위로 올라갈수록 본질에 접근하게 됩니다. 본질적인 것은 지적으로 이해하는 것이 아니라 마음으로 느끼는 것입니다.

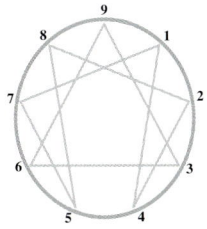

실행 메뉴얼

1. 위의 에니어그램 도형을 천천히 바라봅니다.

2. 이 도형에는 통합을 향해 가려는 여러분의 모습이 있습니다.
   9번부터 1번까지 천천히 속으로 수를 세며 조용히 눈을 감습니다.

3. 호흡을 깊게 하면서 도형의 점을 생각해 봅니다.

   이 과정은 항상 9개의 점이 '현재에 하나로 존재한다'는 인식에서 출발합니다. 이 점들은 각기 다른 분리된 객체가 아니며 모든 창조물과 함께 본질적으로 하나입니다. 또한 이 점들은 끊임없이 변화하는 역동적 관계성을 통한 일체감을 가지고 있습니다. 9명상은 9개의 점에서 9가지의 다른 화두에 역동적으로 접근하는 것입니다.

   점 9에서 본질적인 평화에 자신을 맡기십시오. 조화로운 에너지로 삶이 평화롭고 안정될 때 살아있음을 느낍니다. 다른 사람들을 위한 평화가 아닌 자신의 본질과 내면의 대화를 통한 평화가 평화의 본질입니다

점 1에서 본질적인 지혜를 찾으십시오. 지혜는 단순한 지식이 아닌 뛰어난 지적 능력, 즉 무엇이 필요한지를 상황에 따라 정확히 파악하고 실천에 옮기는 능력입니다. 이것은 어떤 원리나 지침, 규칙 등에 의한 수동적인 것이 아니라, 필요할 때 자발적으로 일어나는 것입니다.

점 2에서 진심을 다해 도와주려는 마음을 가지십시오. 사람은 누구나 절대자의 사랑 안에 존재하고 버림받지 않는 귀한 존재라는 것을 안다면 다른 사람들에게 거부 당할 지도 모른다는 두려움이 없이 사람들과 자연스럽게 상호작용하게 됩니다. '사랑 해야 한다'는 의무감이 아니라 '삶'으로서의 사랑의 진실을 깨닫게 되는 것입니다.

점 3에서 존재의 참 가치를 느끼십시오. 자신의 가치를 인정받기 위해 꼭 무언가를 해야 할 필요는 없습니다. 존재하는 것 그 자체가 기쁨과 만족입니다. 우리의 삶 자체가 즐거움이고 행복입니다.

점 4에서 내면의 평정을 유지하십시오. 평정심을 유지하게 되면 매 순간의 감각과 느낌들을 온전히 소유하게 됩니다. 평정은 흔들리지 않고 자신의 정체성을 지킬 수 있게 하여 어느 한 쪽에 매달리거나 두려워하지 않게 합니다. 즉 환희와 고통 중 어느 것에도 속하지 않는 평안함과 풍요를 줍니다.

점 5에서 삶과 연결된 지식으로 이완하십시오. 지식은 그 자체로서 가치 있는 것이 아니라 인간 내면의 해석과 관점에 의해 가치가 생기는 것입니다. 즉 새로운 정보나 기술, 습득된 경험은 나로 인해서만 의미를 가지게 됩니다. 이렇게 되면 지식이나 특정한 관점에 대한 집착에서 자유로워 질 수 있습니다.

점 6에서 본질적인 의지를 되새기십시오. 의지는 현실에 각인된 존재의 근거로 나타납니다. 이 존재감은 끈기와 인내를 주고 불안해하지 않고 상황을 직시할 수 있는 능력을 줍니다. 의지가 있을 때 우리의 삶이 보다 든든해지고 용감해 지는 것입니다. 의지는 흔들리지 않는 확신과 방향에 대한 뚜렷한 감각을 제공합니다.

점 7에서 일상 속의 소소한 기쁨을 찾으십시오. 삶의 신비스런 선물에 감사하고 내 주변의 것들에 대한 호기심과 경이로움을 경험하게 될 것입니다. 새로운 것만이 아닌 일상적인 것들이 주는 소소한 기쁨을 맛보면 현실에서 만족을 찾게 됩니다.

점 8에서 진정한 힘이 필요할 때를 생각해 보십시오. 힘은 팽창하는 에너지로 외부로 표출될 때 능력을 발휘하고 살아있음을 느끼게 합니다. 이러한 힘은 존경을 바탕으로 한 권위에서 나옵니다. 진정한 힘은 과거를 통해 현재의 경험을 구별해 내는 것이며, 허세나 과장이 아닌 진실을 위해 인내할 수 있는 능력입니다.

05 에니어그램 9단계 명상 (9C)

자기관찰을 연습하기 위해 자신에게 집중할 수 있는 본인만의 방법을 개발하세요. 당신의 에너지가 습관적인 주의집중을 어떻게 따라가는지 의식적으로 깨닫고, 현재 편견이 무엇인지, 당신의 행동이 어떻게 변모하는지를 의식적으로 생각해보세요. 당신의 에너지가 습관적인 패턴을 따라가게 두기보다는, 이를 의식적인 행위로 변환하기 위해 다음의 명상을 활용해보세요.

아래 기술된 9단계 명상은 개인의 성장과 발달을 위해 필요한 것입니다. 이러한 명상은 전체적인 시각에서 나를 깨닫고, 심신의 안녕에 매우 효과적이고 효율적인 작업입니다.

① **자신을 중심화하십시오.** (Center yourself)

잠시 동안(몇 분 동안) 심호흡을 연습함으로써 자신을 중심화 하세요.

② **의식을 배양하십시오.** (Cultivate your consciousness)

현재의 선입견이 무엇인지를 발견하기 위해 자기관찰을 통한 의식을 수련하세요.

③ **에너지를 모으십시오.** (Collect your energy)

당신의 에너지가 습관적인 반응으로 흘러갈 때, 에너지를 당신 속으로, 그리고 신체의 중력센터로 돌아오도록 모아 보세요..

④ 에너지를 담으십시오. (Contain your energy)

당신의 에너지가 습관적인 패턴으로 흘러가게 두지 말고 당신의 초점에 집중함으로써 에너지를 담으십시오. 즉각적인 행동을 취하려는 충동을 막아보세요.

⑤ 일상적인 반응의 의미를 숙고하십시오.

(Consider the meaning of your usual reaction)

내면 추구와 자기 성찰을 함으로써, 당신의 일상적인 자동 반응이 무엇인지를 깊이 생각하세요.

⑥ 에너지를 의식적인 행위로 변환하십시오.

(Convert your energy to conscious conduct)

당신의 행동을 더욱 건강하게 만들기 위해 자기 인식을 사용하여 습관적인 반응을 의식적인 행위로 변환하도록 하세요.

⑦ 동정 (Ccompassion)

스스로와 타인들에게 친절하고 양육적인 태도로 대하도록 하세요.

⑧ 결과 (Consequences)

당신의 행동이 자신과 타인들에게 영향을 준다는 것을 알고, 당신의 의식적 행위에 대한 결과와 효과를 깊이 생각하세요.

⑨ 명료 (Clarity)

앞서 말한 8가지의 발달요소들을 내면화하고 성찰함으로써 스스로 명백하게 성장과 발달에 기여한다는 것을 믿으십시오.

06 현존 명상 (지금 이 순간의 지혜)

지금 이 순간에 산다는 것은 우리가 가진, 바로 여기, 바로 지금의 삶에 대해 충분히 자각하고 감사하는 것입니다. 지금 이 순간을 자각하는 것은 과거로부터 온 알 수 없는 두려움과 미래에 대한 불확실성, 희망, 그리고 기대 때문에 잃거나 헤매지 않고, 우리 자신과 우리의 세계에서 일어나고 있는 일이 무엇인지 알아차리는 것입니다. 그러면 우리가 하루하루에 감사하며 삶을 즐길 수 있는 기회가 주어집니다.

먼저, 우리는 현재에 있다는 것이 어떤 느낌인지를 알아야 합니다. 우리 불만족의 원인을 양파껍질 벗기듯이 한 껍질씩 벗겨내면서 가장 눈에 띄게 드러난 증상부터 시작합니다.

실행 매뉴얼

1) 눈을 감고 자신의 감각에 집중하십시오.

자신의 몸이 "존재"하고 있음을 통해 현재 순간을 느껴 보십시오. 현재 순간을 깊이 느끼면서 걱정거리나 근심을 하나하나 생각해 보십시오. 그리고 감각에 집중하면서 가장 큰 걱정거리 하나에 집중하십시오.

2) 천천히 질문해 봅니다.

무엇이 고민이고, 무엇 때문에 이런 선택을 했는지 그리고 무엇이 여러분을 걱정하게 만드는지를 생각해 봅시다. 무엇이 자신을 좌절하게 하고 무력감을 느끼게 하는지도 생각해 봅시다. 어깨를 펴고 가슴을 쭉 펴고 그것들과 맞딱드려 봅시다. 여기서의 목표는 우리 자신이 무엇 때문에 이토록 고민하는지 자문하는 것입니다.

3) 이제 걱정거리와 친해져야 할 시간이 왔습니다.

나는 나입니다. 그리고 이 문제는 나의 일부분에 불과합니다. 나는 나의 걱정거리와 화해하며 함께 살아가야 합니다. 다른 일들을 다 제치고 이 일에 모든 힘을 다 쏟아 부어야 할 필요는 없습니다. 나에게는 다른 중요한 일들이 또 있습니다. 나는 대단하고 소중합니다. 많은 문제들이 있지만 나는 이것들을 잘 다스릴 자신이 있습니다. 나는 이것들을 잘 통제하여 친구처럼 같이 갈 자신이 있습니다.

4) 이제 천천히 마음의 손을 내밀어 봅니다.

입꼬리를 올리고 마음으로 걱정거리에게 악수를 청합니다. 내가 고통스러우니 너도 고통스러울 것이라고 말해봅니다. 고통을 함께 나누면서 가자고 쓰다듬어 줍니다. 숨을 깊게 쉬며 입꼬리를 올리고 내 몸에 미소를 보내십시오.

나는 단지 깨닫지 못하여 지금 여기에 이르지 못할 뿐

원래 나는 지금 여기에 있는 행복한 사람입니다.

나는 사랑스럽습니다.

나는 능력이 많습니다.

나는 특별합니다.

나는 통찰력이 있습니다.

나는 신뢰롭습니다.

나는 즐거움이 있습니다.

나는 순수합니다.

나는 참다운 평화가 있습니다.

나는 침착합니다.

우리가 자신을 제대로 관찰하게 된다면

자신이 가지고 있는 나쁜 습관과 경직된 모습을 깨닫게 될 것입니다.

우리가 그것을 깨닫게 된다면
거기에 몸을 맡기고 편안하게 이완될 것입니다.

우리가 편안히 이완될 때
우리의 감각을 느끼게 될 것입니다.

우리가 감각을 느끼게 되면
우리의 마음이 열릴 것입니다.

우리의 마음이 열리면
그 순간에 우리는 깨어날 것입니다.

우리가 그 순간에 깨어나면
우리는 현실을 그대로 받아들이게 될 것입니다.

우리가 현실을 그대로 받아들이게 되면
우리는 우리의 본질을 깨닫게 될 것입니다.

우리는 우리의 본질을 깨닫게 되면
우리는 자기 자신의 참모습을 기억할 것입니다.

우리가 자기 자신의 참 모습을 기억하면
우리는 두려움과 집착을 놓아 버릴 것입니다.

우리가 두려움과 집착을 내려놓으면
우리는 신을 만나게 될 것입니다.

우리가 신과 만나게 되면
우리는 신과 같아지려고 노력할 것입니다.

우리가 신과 같아지려고 노력하면
우리는 신이 바라는 대로 할 것입니다.

우리가 신이 바라는 대로 하면
우리는 바뀔 것입니다.

우리가 바뀌면

세상도 바뀔 것입니다.

세상이 바뀌면

온 세상은 신성해 질 것입니다.

지금 이 순간 여기에서 감사할 대상을 생각해보세요.

즐기려고 노력한다면

여러분은 즐거움을 놓칠 것입니다.

행복에 이르려고 노력한다면

여러분은 행복을 놓칠 것입니다.

행복은 지금 여기에 있습니다.

행복을 이루어지는 것이 아닙니다.

행복을 이루기 위해 아무 것도 행할 필요가 없습니다.

다만 행복을 허용하기만 하면 됩니다.

행복은 모든 곳에서 일어나고 있습니다.

세상을 깊이 들여다 보십시오.

나무, 바위, 풀꽃, 달, 사람들, 동물들을 찬찬히 들여다보십시오.

존재하는 모든 것들이 행복이요, 즐거움이요, 깨달음입니다.

그것에 대해 따로 행할 것은 아무것도 없습니다.

지금 여기에서 이완하십시오.

그러면 여러분은 만족할 것입니다.

감사하고 사랑하고 용서하면 행복합니다.

이렇게 될 때 진정한 자아로 현실을 바라 볼 수 있습니다.

5) 이제 천천히 눈을 뜨고 조용히 주변을 보세요.

아름다운 세상입니다. 갈등도 미움도 없는 세상입니다.

6) 자신의 몸을 다독거리며 감사하는 마음을 가집니다.

07 / 상황별 명상훈련

자신의 강점을 찾아보는 명상

자신의 강점 3가지를 생각해보십시오. 생각이 나지 않는다면 그 동안 살면서 잘했던 경험을 떠올려 보세요. 그리고 그렇게 잘하게 된 이유가 무엇인지를 곰곰이 생각해보세요. 그러면 그 강점들이 어떻게 개발되었는지를 알 수 있습니다.

자신이 어떤 것에 관심이 많고 어떤 것을 잘하는지 아는 것은 무척 중요합니다. 사람의 일생이란 결국 자신이 잘하는 것을 찾아내고, 그것을 계발시켜 나가는 과정이라 할 수 있습니다. 성공한 사람들은 자신이 잘하는 것을 꾸준히 노력해서 더욱 계발시킨 사람들입니다.

자신의 강점을 알아차리고 그것을 계발해나가는 과정은 자신의 잠재력을 발견하여 최대한 발휘하는 것입니다. 나도 성공할 수 있다는 신념을 갖고 지금부터 노력해봅시다.

학습 계획을 세우는 명상

먼저 과목별로 학습 범위를 생각해보십시오. 처음에는 생각나지 않을 수 있습니다. 하지만 의식을 모으고 강하게 현재에 집중하면 됩니다. 제대로 이해하지 못하는 부분이나 미처 공부하지 않은 부분이 떠오를 수도 있습니다. 그렇다면 그 부분에 대해 학습 계획을 세워봅니다.

공부를 잘하는 사람은 자신이 무엇을 알고 무엇을 모르는지 정확히 압니다. 그래서 무엇을 어떻게 공부해야 할지 잘 알고 있습니다. 반면 공부를 못하는 사람은 자신이 무엇을 알고 무엇을 모르는지 잘 모릅니다. 시험을 잘 보기 위한 첫 번째 준비는 내가 무엇을 알고 무엇을 모르는지를 정확하게 아는 것입니다. 머릿속으로 시험 범위를 생각해보면 자신이 무엇을 알고 무엇을 모르는지 정확하게 알게 됩니다.

수업 시작 전 복습 명상

 수업 시작을 알리는 음악 소리가 난 뒤에도 대부분의 학생들은 선생님이 교실에 들어오기 직전까지 떠들고 장난칩니다. 하지만 오늘은 조금 다르게 수업을 준비해보십시오. 종이 울리고 선생님이 교실까지 오는 몇 분 동안 지난번 수업 내용을 머릿속으로 떠올리며 복습해보는 것입니다.

 지난 수업을 떠올리다 보면 여러 가지 부족했던 자신의 모습이 떠오를 것입니다. 특히 완전히 이해하지 못하고 넘어간 부분들이 생각나기 마련인데, 그런 부분들은 간단히 메모를 한 뒤 선생님에게 질문을 하거나 해당 부분을 설명할 때 더욱 주의 깊게 들으면 됩니다.

 이처럼 수업 시작 전 복습 명상은 수업에 임하는 마음가짐을 획기적으로 변화시킬 수 있고, 이것은 높은 수업 집중도와 학업 성취도로 나타날 것입니다.

수업시간에 집중하는 명상

 선생님께 집중하다 보면 설명하는 내용을 잘 이해하게 되고, 그렇게 되면 수업 시간이 즐겁습니다.

 수업 시간이 재미없고 지루한 이유는 선생님의 설명을 잘 이해하지 못하기 때문입니다. 설명을 잘 이해하지 못하는 이유는 집중해서 듣지 않기 때문입니다. 그러므로 먼저 집중해서 듣는 것이 중요합니다. 잠시만이라도 선생님께 집중하는 훈련을 해보십시오. 선생님의 설명이 마음속에 다가올 것입니다. 그렇게 되면 대부분의 과목들은 따로 시간을 내어 공부하지 않아도 수업 시간에 공부하는 것만으로도 충분합니다.

화를 가라앉히는 명상

조금 예민하게 순간적으로 욱하고 올라오는 화를 살펴보세요. 친구가 욕을 하는 순간, 선생님이 '그것도 못해'하며 사람들 앞에서 무안을 주는 순간, 그 마음을 조금 깊이 있게 지켜보세요.

욕을 먹는 그 순간에 내가 있습니까? 욕을 먹는 바로 그 순간 '나'는 없습니다. 그 순간에는 오직 '화'만 존재합니다. 아주 맹목적이고, 본능적으로 생각할 겨를도 없이 '화'가 올라 옵니다. 그것은 아주 자연스러운 것입니다. 그런데 사람들은 그 자연스럽고도 당연한 결과에 시비를 겁니다. 그 순간에 자기를 개입시킵니다. '화'만 있었고 '나'는 없었는데 말입니다. 그저 '화'가 났을 뿐입니다.

사람들은 이 화에 '나'를 개입시키기 시작합니다. '화'를 자기화하기 시작하는 것입니다. 즉, '나는 화가 났다', '나는 너 때문에 화가 났다', '너가 나를 화나게 해?', '너가 나에게 욕을 해'하며 '화'에 '나'를 개입시키기 시작합니다.

그 때부터 그 '화'는 객관적이고 자연스런 것이 아니라 나를 괴롭히는 것이 되기 시작합니다. 그러면서 연이어 그 '화'에 '내 생각'을 주입하기 시작합니다.

'화'를 내 것으로 붙잡지 마세요. '나'를 개입시키는 순간, 온갖 '내 생각', '내 분별'들이 꼬리에 꼬리를 물고 달려들 것입니다. 연이어 불같은 감정이 생겨나고, 불같은 말을 내뱉게 되며, 몸 또한 불같은 행동을 하게 될 것입니다. 욕을 먹어서 자연스럽게 화가 일어났다면 내버려두고 지켜보기만 하세요. 마치 내 일이 아닌 것처럼, 그저 영화나 드라마를 보듯 그냥 순수하게 지켜보기만 하세요.

— 불교마을—

습관적인 행동을 의지로 통제하는 명상

이 연습은 매번 5분씩 하되, 앉거나 선 상태에서 시작합니다.

연습이 시작되면 그대로 가만히 있거나 원하는 대로 움직이면 됩니다. 다만 움직일 때는 반드시 움직이기에 앞서 움직이겠다는 결정을(소리 내어 또는 마음속으로) 의식적으로 말해야 합니다. 무의식적인 움직임을 발견하게 되면 반드시 1) 멈추고 2) 말하고 3) 의식적으로 그 움직임을 계속해야 합니다.

- **보기 : 서 있는 상태로 시작합니다.**

    (결정) : "나는 저쪽 벽까지 걸어가겠다."(그렇게 합니다)

    (무의식적 움직임) : 머리 왼쪽을 긁고 있는 자기를 발견합니다

    (멈춤, 마음의 불분명한 상태를 스스로 지적해봅니다)

    (결정을 말합니다) : "나는 내 머리 왼쪽을 긁겠다."

    (그렇게 합니다. 마음의 불분명한 상태가 그 행위와 분리될 때까지 합니다)

    (결정) : "나는 내 머리 왼쪽 긁기를 멈추겠다."

    (결정) : "나는 창 밖을 내다보겠다."(그렇게 합니다)

머리의 신념 내려놓는 명상

투명한 신념은 개인이 의심할 여지없이 옳다고 생각하는 것들입니다. 이러한 신념은 자기가 약화되거나 파괴되어 이성을 잃을 때 나타나게 됩니다.

투명한 신념 찾기는 둘이 짝이 되어서 또는 여럿이 팀으로 하게 됩니다.

1단계 : 안내자는 어떤 특정한 상황이 나타날 때까지 "무엇을 바꾸고 싶은가?"를 묻습니다

2단계 : 일단 특정한 상황이 정확히 떠오르면, 안내자는 아래의 질문들을 함으로써, 상황을 지어내고 있는 신념, 그 신념을 강화하는 경험들을 알아내게 됩니다.

1) 어떤 사람이 그런 상황을 경험하려면 어떤 신념을 가지고 있어야 할까요?
2) 그 신념이 옳다는 것을 어떻게 증명할 수 있습니까?

학생이 깨달음이 있을 때까지 1)과 2)를 반복하여 물어봅니다.

08 세 중심의 균형 훈련

① 장

수업이나 강의를 진행하는 동안 학급에 있는 모든 사람들이 2분 동안 일어서서 팔을 위로 들고, 쭉 뻗고, 어깨를 돌리고, 다리를 털고, 의식적인 호흡이 자신의 신체 내부에 닿도록 하세요.

이런 연습은 8 유형, 9 유형 그리고 1 유형에게 좋습니다. 그 외의 다른 유형들에게 이런 활동은 지루할 수 있습니다. 그러나 그들도 잠시 후에는 이런 활동에 익숙해지게 될 것 입니다.

② 가슴

　수업이나 강의를 진행하는 동안 학급에 있는 모든 사람들이 2분 동안 옆에 있는 사람들에게 돌아서서 상호 작용하고, 접촉하고, 탐구하게 하세요. 자신들의 생각을 나누어 보는 것도 좋습니다.

　이런 연습은 2 유형, 3 유형 그리고 4 유형에게 좋습니다. 그 외의 다른 유형들에게 이런 활동은 지루할 수 있습니다. 그러나 그들도 잠시 후에는 이런 활동에 익숙해지게 될 것 입니다.

③ 머리

수업이나 강의를 진행하는 동안 학급에 있는 모든 사람들이 2분 동안 자기 자신에 대한 사적인 작업을 하도록 하세요. 스스로의 마음과 일대 일로 만나 봅니다. 펜을 쓰지 않고 생각을 적어보면서 머리 속에서 대화를 해 보십시오.

이런 연습은 5 유형, 6 유형 그리고 7 유형에게 좋습니다. 그 외의 다른 유형들에게 이런 활동은 지루할 수 있습니다. 그러나 그들도 잠시 후에는 이런 활동에 익숙해지게 될 것 입니다.

6장
윤운성의 에니어그램 통합명상

에니어그램 각각의 기본유형은 통합과 분열의 방향으로 움직여 9개 수준의 건강정도를 결정합니다. 몸이 긴장하면 가슴은 거짓된 자아로 닫혀져 악덕으로 변질되고 생각은 고착되어 분열이 일어납니다. 즉 '나라고 착각하는' 자아가 커지면서 기본적 두려움이 많아지고 시야가 좁아지고 집착하게 되어 자유가 줄어듭니다.

기본적 두려움이 없는 자아초월의 상태가 1수준의 자유로운 상태입니다. 2수준에서 점차 에고가 출현하여 심리적으로 나를 수용하고, 3수준에서 사회적 가치에 두면서 방어기제가 나타나기 시작합니다. 여전히 개인은 건강합니다. 대부분의 사람들은 4수준에 이르러 자아가 커지고 방어가 증가하여 불균형이 이루어집니다. 5수준에서 환경이나 다른 사람을 통제하기 위해 자아가 매우 커집니다. 때문에 기본유형의 왜곡이 일어나기 시작합니다. 6수준에 이르면 과잉보상하게 되고 DSM 4판에 해당하는 징후가 시작되지요. 7수준인 침해의 수준에 이르면 방어기제가 작동하지 못하고 심각한 대인갈등을 낳게 됩니다. 8수준에서 강박적 사고와 충동적 행동이 출현하면서 신경증적 상태에 놓입니다. 결국 9수준의 병리적 파괴수준에 이르러 자신은 물론 타인을 파괴합니다. 이는 머리와 가슴과 장의 불균형으로 지진이 발생하여 흔들리는 불안정한 자아상태와 비교할 수 있습니다. 이렇게 자신의 습관적인 에너지를 자각하지 못하면 자동적으로 9수준으로 추락하는 분열의 방향으로 진행됩니다.

이제 우리의 삶을 머리와 가슴과 장이 통합을 이루는 통합의 방향으로 안내해야 합니다. 보통의 사람들은 4수준에서 6수준 사이에 존재하는데, 과잉보상의 성깔이 나타나는 6수준에서 건강하지 않은 7수준 이하로 떨어지기 전에 경고를 듣고 통합의 방향으로 나아가야 합니다. 또한 4수준에서 습관적인 성격이 나타나면서 힘의 중심이 불균형이 되는 '자각신호'를 듣고 통합의 건강 방향으로 나아가도록 의식적으로 깨달아야 합니다.

에니어그램은 자기관찰을 통해 병리적인 상태와 치유 방향을 알게 해주고 예방을 위한 처방을 알려줍니다. 왜곡된 각각의 성격유형은 사고, 감정, 본능의 세 중심들이 불균형을 이루는데 특히 3차 열등 중심의 개발은 통합을 지향하는 성장과 치료에 매우 중요합니다.

에니어그램의 지혜는 학문적으로는 물론 삶의 의식적 자각을 통해 사회와도 통합되게 합니다. 유형론의 타고난 유전성에 대한 심리학적 견해는 모두 일치하지는 않지만 에니어그램의 성격유형론은 타고난 성향과 초기경험의 중요성을 강조하고 있습니다. 에니어그램의 9가지 성격은 어머니, 아버지 그리고 부모라는 세 대상에 따라 세 가지 태도 즉 긍정적, 양가적, 부정적 형태로 나타나 9가지 유형이 결정됩니다. 예를 들어, 아이가 성장하면서 어머니 또는 어머니와 같은 존재에 연합된 유형은 어머니 또는 어머니와 같은 존재에게 사랑을 얻기 위해 긍정적 태도를 갖고 있는 3유형(애착), 양가적인 태도를 갖는 8유형, 부정적인 태도를 갖는 7유형으로 결정됩니다. 또한 아버지 혹은 아버지와 같은 존재에 대해 긍정적인 6유형, 양가적인 2유형, 부정적인 1유형, 마지막으로 부모 모두에 대해 긍정적인 9유형, 양가적인 5유형, 부정적인 4유형으로 결정됩니다.

프로이드는 초기경험의 질이 미래의 성격형성에 영향을 준다는 이론을 지지하고 있습니다. 에니어그램의 지혜는 더 나아가 초기경험의 대상별 환경이 발달수준의 건강정도에 영향을 준다는 체계적인 설명으로 확대됩니다. 즉 공격적인 성향인 3유형, 8유형, 7유형은 프로이드의 에고(ego), 즉 현실적 자아에 근간을 두고 어머니의 양육의 질이 자녀의 공격성 건강정도에 영향을 준다는 것을 체계적으로 설명하고 있습니다.

에니어그램의 통합은 왜곡된 자아를 의식적으로 인식하여 본래의 자아상태로 회복하는 것입니다. '내면과 외면의 소리와 나와 타인을 식별하면서, 진실 안에서 살기를 원할 때'야말로 본질이 회복되는 과정이며 통합의 과정입니다. 통합은 소우주인 나를 대우주와 일치하여 하나되는 것이며, 존재에 대한 자각이며, 생태학적 접근의 상생이며, 지금 여기에 집중하는 것입니다. 이는 영성, 열반, 구원과 같은 의미이기도 합니다.

인간은 본질과 성격이라는 동전의 양면성을 가지고 있습니다. 우리가 통합되고 균형을 이루며 본질 속에 살고 또 자아의 주인이 되면 더욱 자유로워집니다. 신체가 이완되어 가슴이 열리면 머리는 맑아져 통합이 되고 두려움과 집착으로부터 해방이 되는 것이지요. 따라서 가장 진실한 자기 자신이 되어 원래의 신성한 상태로 통합됩니다. 에릭슨의 이론에 따르면, 출생초기 1단계의 불신보다는 신뢰의 경험을 통하여 세상과 하나되는 경험이 시작되어 최종적으로 8단계의 절망보다는 통합으로 안내된다고 주장합니다.

'여기와 지금'을 느끼고 서로 의존하고 있다는 것을 알고 깨달을 때, 통합으로 가게 됩니다.

통합이 이루어지지 않으면 여러분의 주의집중과 에너지는 자기 자신의 신체적 안전을 위한 자기보존본능에 치중하거나 주변 사람에만 초점을 맞추거나 재미와 호기심만을 충족하는 성적 본능에만 치중하게 됩니다. 이러한 제한된 생존본능행동은 '나' '너' '우리' 모두를 위한 통합적 행동을 방해하여 서로를 오해하거나 시기하고 반목하여 분열과 시비가 생기게 됩니다. 통합을 향한 명상은 인간의 신성한 본질을 깨닫게 하고 삶을 자유롭게 합니다.

실행 매뉴얼

1) 이제 우리 모두 함께 통합의 여행을 떠나 봅시다.

2) **의식적으로 행동하고 내면화하여 자기 자신에게 집중하는 것이 통합을 위한 준비 작업입니다.** 자기 자신에게 집중하는 것은 생명과 만나는 것입니다. 명상의 형식과 내용은 정해진 것이 없습니다.

지금부터 에니어그램 통합 명상을 시작하겠습니다 (명상벨을 울리고).

3) **조용히 눈을 감고 숨을 깊게 들이마시고 천천히 내쉬세요.**

모든 에너지를 호흡에 집중하세요.

숨을 들이마시고 내쉴 때에 정신을 코 끝에 집중하십시오.

숨을 들이마실 때는 우주의 생명 에너지를 흡수한다고 상상하고,

내쉴 때는 몸과 마음의 나쁜 기운을 뿜어낸다고 상상하십시오.

깊게 들이마시면서 우주의 기운이 가슴을 통하여 장에 전해짐을 느껴보십시오.

그리고 장의 단전에 에너지를 집중하십시오. 그리고 천천히 내 쉬면서 스트레스가 발산되고 신체가 이완됨을 느껴보십시오.

4) 들이마시면서 웃어보십시오. 내쉬면서 내 몸의 전체에 웃음을 보내세요.

우주는 아름답고 본질적으로 선합니다. 평화롭게 모든 것을 받아들일 준비를 하십시오. 숨쉬기는 내면의 작업입니다. 숨쉬기는 매순간 우리와 함께하기 때문입니다. 입꼬리를 올리고 숨을 들이마시면서 우주의 기운이 기도를 통해 가슴과 장까지 들어와 장에 머무는 것을 느껴보세요. 장이 이완되고 가슴이 열리고 정신이 맑아지고 있습니다.

5) 숨을 내쉬며 내몸을 편안히 우주에 맡기십시오.

생각의 끈을 놓고 무념무상의 상태로 감각이 일어나고 있음을 느끼면서 호흡에 집중하십시오.

6) 숨을 들이마시면서 잠깐 멈춰 이 순간을 느껴보세요.

이 순간은 행복한 순간입니다. 호흡은 여러분을 이 순간에 머물 수 있도록 돕고, 과거와 미래로 가는 생각을 멈추게 합니다. 사고의 집착과 가슴의 악덕을 끊음으로서 삶과 마주할 수 있습니다.

7) 계속 편안한 상태로 호흡에 집중하십시오.

에니어그램의 본질은 성격의 왜곡을 인식하고 진정한 자기를 발견하여 마음의 평화와 자유를 얻는 데 있습니다. 머리와 가슴과 장이 하나로 통합되고 균형을 이룰 때 장의 긴장이 풀리고 가슴이 열리어 머리가 맑아지는 것입니다. 우리는 습관적인 신체에너지, 습관적인 정서에너지, 습관적인 인지 에너지로 삶을 살아가고 있습니다. 즉 무의식적으로 조건화되어 있는 성격 때문에 분노하고 거짓된 자아를 추구하고, 불안에 시달리고 있는 것입니다.

8) 힘의 중심을 통합하지 못하면 성격의 왜곡이 일어나게 됩니다.

막 태어난 갓난 아이를 상상해 보세요.

아가는 몸으로 모든 것을 느끼고 생각합니다. 이 세상에 '있는 그대로' '여기'를 느끼지요. 감정과 생각이 아닌 감각기관을 통해 그대로 받아들입니다. 갓난 아기들은 자신과 어머니를 하나로 받아들입니다. 과거에 대한 집착도 없고 미래에 대한 불안이 없습니다. 그냥 행복합니다.

그러나 아가는 자라면서 좋고 나쁜 감정을, 더 나이가 들면서는 옳고 그름을 판단하게 되지요. 사람들과 세상을 살아가며 순수한 본질은 멀어지고 거짓된 자아들이 나타나게 됩니다.

살아가면서 점점 왜곡된 자아가 자리 잡게 되는 것입니다. 이러한 자아는 세상에 대한 불신 때문에 생기는 것이기도 합니다. 순수한 본질에서 멀어짐에 따라 우리는 점점 웃음을 잃고 고통을 느낍니다. 외부의 환경에 몸이 지나치게 긴장하게 되고 자신을 스스로 방어하고 환경에 저항하게 됩니다. 감정은 과장되고 기분과 상황에 따라 자기 이미지를 좋게 하려합니다.

자신의 안전을 위해 지나치게 따지게 되고 끊임없는 의심과 두려움 속에서 성격의 왜곡이 일어나지요. 본질과 멀어진 성격의 왜곡은 모든 것을 등지고 앉아 있는 모습과 흡사합니다. 즉 머리가 아래에 위치하여 왜곡된 집착이 중심이 되어 가슴과 장을 지배하는 불안정한 상태입니다. 그러면 최악의 선택을 하게 되고 원치 않은 일이 발생하는 것이지요. 마치 나무가 지진에 의해 한번에 쓰러지는 것과 같습니다. 이렇게 힘의 중심이 통합이 되지 못하여 9가지의 성격이 나타되고 각 유형들의 악덕이 미덕보다 많아지게 됩니다.

9) 세상은 하나입니다.

우주도 하나입니다.

신도 하나입니다.

나는 하나에 연결되어 있습니다.

지금 이 순간은 영원으로 가는 입구입니다.

나는 이 순간 여기에 있습니다.

여기는 실존하는 전체의 일부입니다.

나는 지금 여기에 있습니다.

내가 지금 여기에 있으면 통합으로 이를 것이다.

과거의 집착과 미래에 대한 불안에 떨고 있습니까?

마음이 편치 않아 답답하십니까?

신체가 긴장하여 분노하고 있습니까?

내가 어떤 편견에 사로잡혀 있는지 관찰해 보십시오

균형과 통합을 이룰 때 습관적인 반응을 관찰할 수 있습니다.

침착, 겸손, 정직, 마음의 평정, 통찰, 용기, 절제, 순수,

옳은 행동으로 옮기십시오.

의식적으로 모든 것을 통합하기 위해 노력해야합니다.

습관적인 긴장으로 인한 충동적 행동을 막아야 합니다.

늘 나의 행동은 타인에게 영향을 준다는 사실을 명심하십시오.

타인을 향한 자신의 분노를 깨닫고 다른 사람을 사랑하고

감사하는 마음을 가짐으로써 여러분은 통합의 길을 갈 것입니다.

나의 행동이 타인에게 영향을 준다는 것을 알아야합니다.

숨을 들이쉬고 내쉬면서 있는 그대로 모든 것을 자연스럽게 놓아두세요.

모든 에너지를 받아들여 집중하세요.

장, 가슴, 머리에 긍정적인 에너지로 집중해보세요.

장을 따뜻하게 느껴보세요.

숨을 내쉬면서 가슴을 활짝 열어보세요.

머리를 차고 맑게 하여 침착하게 해보세요.

지금 여기에서 머리와 가슴과 장을 통합하십시오.

신체가 안정되어 이완되고 가슴이 열리고 머리가 신성하게 맑아집니다.

이렇게 될 때 진정한 자아로 현실을 바라 볼 수 있지요.

내가 진실되고 아름답게 변하면 세상 역시 아름다워집니다.

지금 여기가 행복입니다.

그렇게 느낄 때 눈을 뜨고 조용히 주변을 보세요.

아름다운 세상입니다.

(명상벨을 울리고)

옆사람과 사랑의 에너지를 나누십시오(포옹).

7장 윤운성의 에니어그램 기도

에니어그램 기도

윤운성

머리로 식별할 수 있는 능력을 주십시오.
가슴으로 정직하게 사랑할 수 있는 에너지를 주십시오.
장을 이완하고 신체를 맑은 물로 채워 화해하고 용서할 수 있도록 도와주소서.

긴장을 해소하여 분노하지 말고 침착하게 하소서.
옳고 그름을 관철하기보다는 서로 변할 수 있는 현실적인 지혜를 주십시오.
자신의 원칙으로 남의 결점을 보지 말고 세상이 완전함을 깨닫게 하소서.

진정으로 타인이 무엇을 필요로 하는 지를 깨닫고 겸손하게 도와주도록 하소서.
진실로 구하는 것이 무엇인지를 자기 자신에게 묻고
무조건적으로 세상을 사랑하게 하소서.
사심 없이 봉사함으로써 기쁨을 느끼게 하소서.

성공을 자랑하기보다는 있는 그대로 정직하게 하소서.
나의 성공이 많은 사람들의 도움을 받아 이루어졌음을 고백하게 하소서.
다른 사람들과 협력관계를 통해서 서로 성공할 수 있는 희망이 되게 하소서.

자신과 자기 자신의 감정을 구분하여 마음의 평정을 갖게 하소서.
행복이 현실세계에 연결되어 자기 자신에게 의미를 부여하게 하소서.
자신의 보석을 발견하여 특별한 아름다움이 지속될 수 있도록 하소서.

지나치게 분석하여 현실을 왜곡하지 말고 있는 그대로 관찰하게 하소서.
자신의 신체를 사랑하여 행동으로 실천하게 하소서.
중요한 것과 중요하지 않은 것을 구분하여 전체를 파악하게 하소서.

불안감을 극대화하여 다른 사람들을 비난하지 말고 용기 있게 대처하도록 하소서.
다른 사람에게 너무 의존적으로 기대하지 말고 확신을 갖게 하소서.
긍정적인 생각으로 자기 자신을 신뢰하도록 하소서.

충동을 억제하고 절제를 통하여 현재의 일에 감사할 수 있도록 하소서.
양적 경험보다는 질적 경험을 통하여 행복을 느끼게 하소서.
계획을 심사숙고하고 마침내 그 일이 이루어지도록 하소서.

자신의 취약점을 인정하고 자신을 순수하도록 하소서.
존경을 받기위해서 자신이 낮아지도록 하소서.
대결보다는 다른 사람들과 협력자가 되어 진리를 깨닫게 하소서.

자신의 감정을 드러내어 행동적인 참여자가 되게 하소서.
갈등을 회피하지 말고 문제를 해결하게 하소서.
자기 자신이 되는 것이 범우주적인 사랑으로 연결되어 있음을 알게 하소서.

그래서 지금 이 순간에 감사합니다.
그래서 지금 이 순간을 사랑합니다.
그래서 지금 이 순간에 모든 것을 용서합니다.

이제 장이 이완되어 신체가 유연해집니다.
이제 가슴이 열리고 따뜻해져 서로의 감정이 소통합니다.
이제 머리가 맑아져 신성한 생각으로 가득 채워집니다.

따라서 내가 우주의 일부가 됩니다.
따라서 내가 우주와 소통합니다.
따라서 내가 우주가 됩니다.

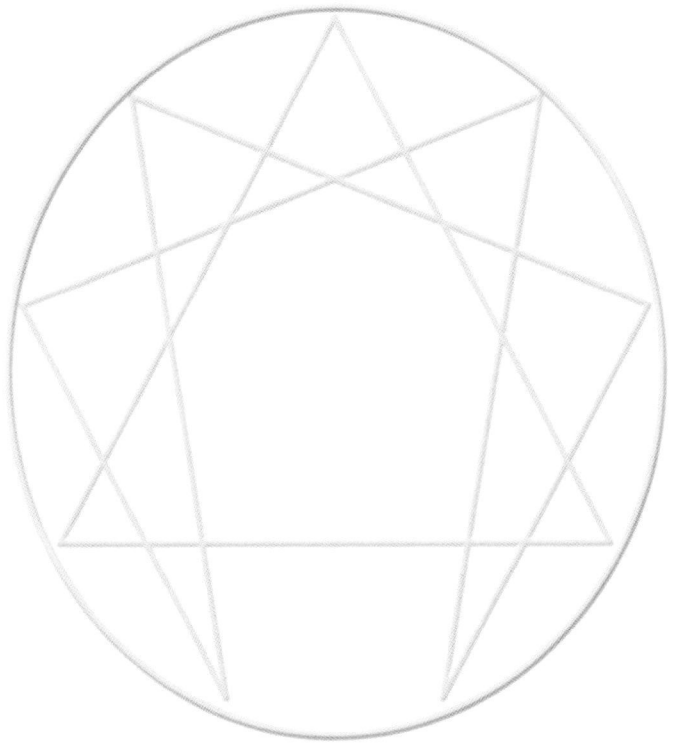

명상을 마치며..

요즘 성공과 행복에 관한 책들이 인기가 있습니다. 성공하고 싶어 하는 인간의 마음을 반영하는 것이라 생각됩니다. 그런데 성공했다고 존경받는 사람들도 갑자기 최악의 선택을 하여 우리를 놀라게 하는 뉴스를 접합니다. 많은 사람들이 진정한 성공과 행복은 무엇이고, 이를 위해 우리는 어떻게 해야 하는지에 대한 질문에 답변을 얻으려고 하고 있습니다.

기본적으로 성공한 사람들은 자신이 행복하다고 믿는 사람들이고 이러한 사람들은 건강한 사람들입니다. 그러므로 성공하고 행복한 사람들은 자기의 잠재능력을 최대한 발휘하고 자신이 선택할 수 있는 가능성을 넓히는 사람들입니다. 반면에 건강하지 못한 사람들은 부정적이고 제한된 신념에 의해서 자신의 감정을 순수하게 받아들이지 못하게 되고 결국 조건화된 행동으로 최악의 선택을 합니다.

이를 극복하기 위한 여러 가지의 전략 중 가장 근원적인 것은 '지금 이 순간'을 자각함으로써 선택의 폭을 넓히고 자유를 얻는 것입니다. 이는 에니어그램의 지혜인 자신의 신체를 이완하고 마음을 열어 관찰함으로써 시야를 넓히고 식별하는 능력을 향상시키는 것과 같습니다.

참고문헌

곽노순(1999). 생활속의 명상. 서울:(주)한문화멀티미디어.

강경옥 (2000) 학생들의 학교 학습에 대한 태도와 그 관련변인 서울대학교 박사학위 청구 논문

러셀(1987). 김용철 역, 초월명상™ 入門. 서울:정신세계사.

민정암(2003). 우리는 명상으로 공부한다. 서울:정신세계사.

박 석(1997). 명상 길라잡이. 서울:도솔.

오수일(1991). 태교명상. 서울:고운산 아기샘.

윤운성(1995). 학습과 동기전략. 서울:문음사

_____ (2001). 에니어그램 : 성공인의 성격관리. 서울:학지사.

_____ (2002). 에니어그램 정복 : 자기발견을 통한 자기완성의 길잡이. 서울:학지사

_____ (2003a). 에니어그램 : 이해와 적용. 서울:학지사

_____ (2003b). 에니어그램 2 : 내안에 접혀진 날개 후편. 서울: 열린

_____ (2003c). 한국형 리소-허드슨 에니어그램 성격검사. 서울:한국가이던스

_____ (2004). 에니어그램의 분석적 고찰과 과제. 에니어그램 연구. 1(1), 9-24.

_____ (2007). 에니어그램의 통합적 접근. 에니어그램 연구. 4(2), 9-30.

_____ (2008). 에니어그램의 교육적 접근. 에니어그램 연구. 5(2), 9-40.

_____ (2009). 에니어그램의 사회문화적 접근. 에니어그램 연구. 6(2), 8-32.

_____ (2012). 한국형에니어그램 단계별교재(4, 4.5, 5). 서울:한국에니어그램교육연구소.

_____ (2012) 지금 이 순간을 자각하라. 서울:한국에니어그램교육연구소.

_____ 외 (2010). 에니어그램 성격유형. 서울:학지사.

윤종모 (2009) 치유명상. 정신세계사

이정순 역(1991). 에니어그램:당신 자신과 남들을 아는 길. 서울:성서와 함께.

이화숙 역(2000). 내안에 접혀진 날개. 서울:열린.

주혜명 역(2000). 에니어그램의 지혜. 서울:한문화.

진우기 역. 틱낫한지음(2003). 힘:삶을 바꿀 수 있는 힘. 서울:명진출판

최수민 역. 틱낫한지음(2002). 화:화가 풀리면 인생도 풀린다. 서울:명진출판

최연실 역(1997). 사람을 알 수 있는 9가지 방법. 서울:청림출판.

최시선(2000). 청소년을 위한 명상 이야기. 서울:불광출판부

카밧-진(1985). 장현갑, 김교헌 역, *명상과 자기치유*. 서울:학지사

허문명 역, 틱낙한 지음(2003), *죽음도 없이 두려움도 없이*. 서울:나무심는사람

해리팔머 저(2000), *다시 떠오르기(resurfacing)*. 서울:정신세계사.

헤거 (2012) *명상으로 10대의 뇌를 깨워라*. 책으로 여는 세상

Amelang, & Bartussek (1990). *Differentielle Psychotogie und Personlichkeits forschung(Stuttgart)*. .p.270.

Becker, M(2000). Empirical studies of the Enneagram: Foundations and Comparisons. In Ebert, A., & Kustemacher, M.(2000). *Experiencing the Enneagram*. New York : NY : Crossroad Publishing Company.

Bergin, E., & Fitzgerald, E. (1998). *The Enneagram: Paths to wholeness*. Mystic, CT : Twenty Third Publications

Callahan, W. J. (1992). *The Enneagram for youth*. Chicago, IL : Loyala Press.

Daniels, D., & Price, V. (2000). *the essential enneagram*. New York, NY : HarperCollins.

Ebert, A., & Kustemacher, M.(2000). *Experiencing the Enneagram*. New York : NY : Crossroad Publishing Company.

Eysenck, H. J(1991). Personality, stress, and disease: An interactionist perspective. *Psychological Inquiry. 2. 221-232.*

Goldberg, M. J.(1996). *Getting your boss's number*. HarperCollins.

Goleman(1995). Emotional Intelligence. New York : Harper & Row.

Hjelle, L. A., & Ziegler, D. J.(1981). *Personality theories: Basic assumptions, research, and applications*. McGraw-Hill, Inc.

Kretschmer, E. (1925). *Physique and character*. New York : Harcourt Brace.

Keyes, M. F. (1992). E*motions and The Enneagram: Working through your shadow life script*. Navato, CA : Molysdatur Publicaions.

Levine, J. (1999). *The Enneargram Intelligences: Understanding personality for effective teaching and *learning.* West port, CT : Bergin & Garvey.

Naranjo, C. (1995). *Enneatypes in Psychotherapy.* Prescott, AZ : Hohm Press.

Naranjo, C. (1997). *Transformation through insight: Enneatypes in life, literature and clinical practice.* Prescott, AZ : Hohm Press.

Mischel, W. (1999). *Introduction to Personality.* Holt, Rinehart, & Winston.

Palmer, H. & Brown, P. B. (1998). *The Enneagram advantage: Putting the 9 personality types to work in the office.* New York : Harmony books, Inc.

_____ .(1995). *The Enneargram in love and work : Understanding your intimate and business relations.* New York, NJ : Harper Collins

Riso, D. R.(1990). *Understanding the Enneagram : The Practical guide to personality types.* New York : Houghton Mifflin Company.

_____ .(1992;1995). *Discovering your personality type : The New enneagram questionnaire.* New York : Houghton Mifflin Company.

_____ .(1993). *Enneagram transformations.* New York : Houghton Mifflin Company.

_____ .(1996). *Personality types.* New York : Houghton Mifflin Company.

Robinson, J. P., Shaver, P. R., Wrightsman, L. S. (1991). *Measures of Personality and Social Psychological Attitudes.* San Diego, CA : Academic Press, Inc.

Riso, D. R., & Hudson, R. (1999). *The wisdom of the Enneagram.* New York : Bantam Books.

저자약력 윤운성

경력

- 미국 멤피스대학교(Univ. of Memphis) 대학원 교육심리 및 상담 전공(교육학박사)
- 미국 와싱톤주립대학교(Univ. of Washington) 연구 교수
- 선문대학교 상담심리사회복지학과 교수

· 한국에니어그램학회 회장
· 사단법인 한국에니어그램 인성연구원 이사장
· 청소년리더십진로교육센터 소장
· 한국형에니어그램 5단계 교육 프로그램 개발자

· 한국에니어그램교육연구소 소장
· 닥터윤 심리상담발달센터 회장
· 월간 나눔과 힐링 발행인
· 한국형에니어그램성격유형검사(KEPTI) 개발자

주요저서

- Academic achievement of Asian-American students: relating home environment and selfefficacy (1993)
- 교육학개론 (공저, 양서원, 1994)
- 학습과 동기전략 (문음사, 1995)
- 교육심리학 (상조사, 1995)
- 우리 아이들 어떻게 키우지요? (양서원, 1996)
- 인간이해를 위한 심리학 (공저, 상조사, 1996)
- 현명한 부모: 발달하는 아이 (역, 동무사, 1997)
- 자녀행동수정 4단계 (양서원, 1998)
- 성격을 알면 성공이 보인다: 9가지 성격의 발견 (역, 학지사, 1998)
- 발달심리 (교육아카데미, 1998)
- 교육심리용어사전 (공저, 서울: 학지사,1999)
- 기업경쟁력 향상을 위한 성격유형검사의 개발과 적용 (천안상공회의소, 2000)
- 생활지도와 상담 (양서원, 2001)
- 교육의 심리적 이해 (양서원, 2001)
- 에니어그램 : 성공하는 사람의 성격관리 (공역, 학지사,2001)
- 한국형에니어그램 성격유형검사 (한국에니어그램교육연구소, 2001)
- 자기효능감과 변화하는 사회 (공역, 학지사, 2002)
- 에니어그램 정복: 하위유형, 날개, 화살표 (역, 학지사,2002)
- 필수 에니어그램 : 정확한 성격 검사 및 자기발견 가이드 (역, 학지사, 2002)
- 에니어그램 2 : 내안에 접혀진 날개 속편(역, 열린, 2003)
- 에니어그램 지능 : 효과적인 수업과 학습을 위한 성격의 이해 (공역, 교육과학사, 2003)
- 한국형에니어그램검사의 해석과 활용 (한국에니어그램교육연구소, 2004)
- 최강팀 만들기 : 팀워크 에니어그램 (흐름출판, 2005)
- 성공적인 자녀양육을 위한 9가지 성격 (역, 한국에니어그램교육연구소, 2008)
- 에니어그램과 12단계 (공역, 한국에니어그램교육연구소, 2012)
- 에니어그램 성격유형 (공역, 학지사, 2010)
- 지금 이 순간을 자각하라 (역, 한국에니어그램교육연구소, 2012)
- 에니어그램 사회 (역, 한국에니어그램교육연구소, 2012)
- 한국형에니어그램 자기주도학습플래너 (한국에니어그램교육연구소, 2012)
- 에니어그램 명상 - 성장과 치유를 위한 학습힐링 (한국에니어그램교육연구소, 2013)
- 에니어그램 직업 및 학과사전 (한국에니어그램교육연구소, 2012)
- 에니어그램과 진로지도 (공저, 한국에니어그램교육연구소, 2012)
- 한국형에니어그램 사례집 (편저, 한국에니어그램교육연구소, 2012)
- 에니어그램 실제가이드 (공역, 한국에니어그램교육연구소, 2013)
- 청소년상담가이드 (한국에니어그램교육연구소, 2013)
- 한국형에니어그램 성격하위유형검사 (한국에니어그램교육연구소, 2014)
- 한국형에니어그램 용어사전 (공저, 한국에니어그램교육연구소, 2014)
- 한국형에니어그램간편성격유형검사-아동청소년용 (한국에니어그램교육연구소, 2014)
- 한국형에니어그램 직업퍼즐북 (한국에니어그램교육연구소, 2014)
- 에니어그램과 자기주도학습 (공저, 한국에니어그램교육연구소, 2014)
- 에니어그램과 행복 (공저, 한국에니어그램교육연구소, 2014)
- 신성한 사고의 에니어그램 (공역, 한국에니어그램교육연구소,2014)
- 집단지능과 변영을 위한 9가지 설계원리:에니어그램 (공역, 한국에니어그램교육연구소,2014)
- 에니어그램의 깨달음 (공역, 한국에니어그램교육연구소,2014)
- 한국형에니어그램 멘토를 찾아라 (한국에니어그램교육연구소,2014)
- 지혜리더십:에니어그램 (공역, 한국에니어그램교육연구소,2014)
- 에니어그램과 돈:두려움에서 사랑까지:에니어그램으로 부, 번영, 사랑을 만들어가기 (공역, 한국에니어그램교육연구소,2014)
- 한국형에니어그램 간편성격검사 (한국에니어그램교육연구소,2015)
- 한국형에니어그램 코칭워크북 (공역, 한국에니어그램교육연구소,2015)
- 핵심에니어그램 가이드 (공역, 한국에니어그램교육연구소,2015)
- 에니어그램과 함께 영혼잠재력 발견하기 (역, 한국에니어그램교육연구소,2015)
- 한국형에니어그램 사례집 II (한국에니어그램교육연구소,2015)
- 에니어그램 성격:자기발견과 인간관계 (역, 한국에니어그램교육연구소,2016) 등 다수

한국에니어그램 교육연구소 교육과정

단계	단계명칭	교육목표 / 교육내용	시간	자격부여
1단계	에니어그램 이해 '나를 찾아 떠나는 여행'	▷ 한국형에니어그램 검사 ▷ 에니어그램 성격이론 및 구조 ▷ 유형별 특징날개분열 및 통합 개관	10시간 (매월)	한국형에니어그램 검사지 사용 자격
2단계	에니어그램 탐구 '나의 길을 따라가는 여행'	▷ 9 유형의 세부적 특징 ▷ 날개, 분열, 통합, 성장 ▷ 자아의식과 행동방식 (공격, 순응, 후퇴)	10시간 (매월)	한국형에니어그램 해석상담사자격 (1–2단계 & 검사지 교육 이수 및 자격신청 절차 후 자격부여)
3단계	에니어그램 적용 '너와 내가 함께가는 여행'	▷ 하위유형 (본능동기) ▷ 유형별 유사점 및 차이점, 성장전략 ▷ 에니어그램과 인간관계 (아동/청소년, 조직, 리더십)	10시간 (매월)	한국형에니어그램 일반강사 자격 (1–3단계 & 검사지 교육 이수, 보고서 제출 및 자격 신청 절차 후 자격부여)
4단계	에니어그램 평가 '통합으로 가는 여행'	▷ 관련이론과의 비교 및 포괄성 (성격유형론, 프로이드, 신프로이드, 융, DSM–IV) ▷ 의식수준 / 양육과 발달적 접근 ▷ 에니어그램분석 / 윤은성 연구 결과 ▷ 비디오 상영	16시간 (년4회)	교육용 걸개 제공 및 사용자격
4.5 심화단계	심층 에니어그램 의식수준 '여기 그리고 지금'	▷ 본질적 접근 ▷ 자아집착 ▷ 부모의 양육과 아동의 초기경험 ▷ 유형별 심층적 분석 ▷ 유형별 체험을 통한 진정한 자기발견 ▷ 패널의 경험 모두 나누기 ▷ 유형별 노래명상 ▷ 여기 그리고 지금	32시간 (년2회)	1단계 강사 자격 (일반강사 자격취득을 완료하고 전문강사 훈련 1단계 수료 및 1단계 청강 완료 후 자격부여)
5단계	에니어그램 슈퍼비전 '가르치며 배우는 여행'	▷ 에니어그램 슈퍼비전 ▷ 전문강사 지도자 훈련 (패널 교육) ▷ 자기관찰 훈련 ▷ 방어기제 체험 ▷ 영적 성장을 위한 체험	32시간 (년1회)	한국형에니어그램 전문강사 자격 (1–5단계 & 검사지 교육 이수, 일반강사 자격 취득 완료, 전문강사 훈련 1–2단계 수료, 보고서 제출 및 자격신청 절차 후 자격 부여)

※ 검사지 교육
- 1단계 교육 이상 이수시 수강 가능 • 검사지 교육을 이수 하지 않아도 2–5 단계 교육은 이수 가능

검사지 교육	한국형에니어그램 검사의 해석과 활용	• 한국형에니어그램 검사의 필요성과 목적 • 한국형에니어그램 검사의 실시와 채점 • 한국형에니어그램 검사의 해석과 집단지도	3시간 (매월)	한국형에니어그램 모든 자격

검사지 신청
- 한국형에니어그램검사지(성인, 청소년) : 1set 30,000원(10부)
- 한국형에니어그램 프로파일/응답지(성인, 청소년) : 1set 25,000원(10부)
- 진로 및 학습. 아동용 검사지/프로파일/응답지 : 1set 30,000원(10부)
- 간편성격유형검사지(성인)/아동·청소년간편검사지 : 1set 20,000원(10부)
- 간편성격유형 프로파일/응답지(성인) 1set 25,000원(10부)/아동·청소년간편프로파일/응답지 : 1set 30,000원(10부)
- 한국형에니어그램 단계별 교재 : 각각의 단계교육 이수자 이상 판매
- 한국형에니어그램 검사지 및 프로파일 / 응답지는 10부 단위로 판매됩니다.
  11만원 이하 발송비 주문자 부담, 50만원 이상 5% D/C & 100만원 이상 10% D/C –

한국에니어그램교육연구소 단계별 교재 및 참고서적

단계	단계별 교재	참고서적	저자
1단계	에니어그램 이해	- 성격을 알면 성공이 보인다. (역, 학지사, 1998) - 한국형에니어그램 성격검사 [성인용(KEPTI) / 청소년용(KEPTI-J)] - 한국형에니어그램 해석과 활용 (2004) - 에니어그램으로 본 다문화세상 (공저, 양서원,2011) - 한국형에니어그램 용어사전 (한국에니어그램교육연구소,2012) - 핵심에니어그램가이드 (한국에니어그램교육연구소, 2015) - 에니어그램성격:자기발견과 인간관계 (역, 한국에니어그램교육연구소, 2016)	윤운성 윤운성 윤운성 윤운성 외 윤운성 외 윤운성
2단계	에니어그램 탐구	- 에니어그램 정복 : 자기발견을 통한 자기완성의 길잡이 (역, 학지사, 2002) - 성공적인 자녀양육을 위한 9가지 성격 (한국에니어그램교육연구소, 2008) - 한국형에니어그램 용어사전 (한국에니어그램교육연구소, 2012) - 에니어그램과 12단계-강박의 극복 : 삶을 위한 영적 도구 (공역, 한국에니어그램교육연구소, 2012) - 한국형에니어그램 용어사전 (한국에니어그램교육연구소, 2012) - 핵심에니어그램가이드 (한국에니어그램교육연구소, 2015) - 에니어그램성격:자기발견과 인간관계 (역, 한국에니어그램교육연구소, 2016)	윤운성 윤운성 외 윤운성 윤운성 외 윤운성 윤운성 윤운성
3단계	에니어그램 적용	- 에니어그램 : 성공하는 사람의 성격관리 (공역, 학지사, 2001) - 최강팀 만들기 : 팀워크 에니어그램 (공역, 흐름출판, 2005) - 에니어그램으로 본 다문화세상 (공저, 양서원, 2011) - 한국형에니어그램 사례집 1(한국에니어그램교육연구소, 2012) - 한국형에니어그램 용어사전 (한국에니어그램교육연구소, 2012) - 한국형에니어그램 사례집 2 (한국에니어그램교육연구소, 2015) - 에니어그램 사회 (역, 한국에니어그램교육연구소, 2012) - 에니어그램 직업 및 학과사전 (한국에니어그램교육연구소, 2013) - 에니어그램 실제 가이드 (한국에니어그램교육연구소, 2013) - 한국형에니어그램성격하위유형검사 (한국에니어그램교육연구소, 2014) - 에니어그램과 행복 (한국에니어그램교육연구소, 2015) - 핵심에니어그램가이드 (한국에니어그램교육연구소, 2015) - 에니어그램성격:자기발견과 인간관계 (역, 한국에니어그램교육연구소, 2016)	윤운성 외 윤운성 외 윤운성 외 윤운성 윤운성 윤운성 윤운성 윤운성 윤운성 윤운성 윤운성 윤운성 윤운성
4단계	에니어그램 평가	- 필수 에니어그램 : 정확한 성격유형검사로 자기발견 및 자기성숙에 이르는 가이드 (역,학지사, 2002) - 한국형에니어그램 용어사전 (한국에니어그램교육연구소, 2012) - 에니어그램 사회 (역, 한국에니어그램교육연구소, 2012) - 에니어그램 성격유형 (공역, 학지사, 2010) - 에니어그램 명상 – 성장과 치유를 위한 학습힐링 (한국에니어그램교육연구소, 2013) - 핵심에니어그램가이드 (한국에니어그램교육연구소, 2015) - 에니어그램과 함께 영혼의 잠재력 발견하기 (한국에니어그램교육연구소, 2015) - 지금 이 순간을 자각하라 (역, 한국에니어그램교육연구소, 2012) - 에니어그램의 깨달음 (한국에니어그램교육연구소, 2015)	윤운성 윤운성 윤운성 윤운성 윤운성 윤운성 윤운성 윤운성 윤운성
4,5 단계 심화단계	심층 에니어그램 의식수준	- 성공적인 자녀양육을 위한 9가지 성격 (한국에니어그램교육연구소, 2008) - 에니어그램 성격유형 (공역, 학지사, 2010) - 한국형에니어그램 용어사전 (한국에니어그램교육연구소, 2012) - 에니어그램 사회 (역, 한국에니어그램교육연구소, 2012) - 지금 이 순간을 자각하라 (역, 한국에니어그램교육연구소, 2012) - 에니어그램과 12단계 (한국에니어그램교육연구소, 2012) - 한국형에니어그램 1단계 교안 (한국에니어그램교육연구소, 2012) - 에니어그램 명상 – 성장과 치유를 위한 학습힐링 (한국에니어그램교육연구소, 2013) - 에니어그램의 깨달음 (한국에니어그램교육연구소, 2015) - 에니어그램과 함께 영혼의 잠재력 발견하기 (한국에니어그램교육연구소, 2015) - 핵심에니어그램가이드 (한국에니어그램교육연구소, 2015) - 신성한 사고의 에니어그램 (한국에니어그램교육연구소, 2014)	윤운성 윤운성 윤운성 윤운성 윤운성 윤운성 외 윤운성 윤운성 윤운성 윤운성 윤운성 윤운성 외
5단계	에니어그램 슈퍼비전	- 에니어그램 2 : 내안에 접혀진 날개 후편 (역, 열린, 2003) - 에니어그램 지능 : 효과적인 수업과 학습을 위한 성격의 이해 (공역, 교육과학사, 2003) - 에니어그램 성격유형 (공역, 학지사, 2010) - 한국형에니어그램 용어사전 (한국에니어그램교육연구소, 2012) - 에니어그램과 12단계-강박의 극복: 삶을 위한 영적 도구 (공역, 한국에니어그램교육연구소, 2012) - 에니어그램 사회 (역, 한국에니어그램교육연구소, 2012) - 한국형에니어그램 사례집 (한국에니어그램교육연구소, 2012) - 한국형에니어그램 2단계 교안 (한국에니어그램교육연구소, 2012) - 에니어그램 실제가이드 (한국에니어그램교육연구소, 2013) - 에니어그램 명상 – 성장과 치유를 위한 학습힐링 (한국에니어그램교육연구소, 2013) - 핵심에니어그램가이드 (한국에니어그램교육연구소, 2015) - 신성한 사고의 에니어그램 (한국에니어그램교육연구소, 2014) - 지금 이 순간을 자각하라 (역, 한국에니어그램교육연구소, 2012) - 에니어그램의 깨달음 (한국에니어그램교육연구소, 2015) - 집단지능과 변영을 위한 9가지설계원리: 에니어그램 (한국에니어그램교육연구소, 2014) - 에니어그램과 함께 영혼의 잠재력 발견하기 (한국에니어그램교육연구소, 2015)	윤운성 윤운성 윤운성 윤운성 윤운성 외 윤운성 윤운성 윤운성 윤운성 윤운성 윤운성 윤운성 외 윤운성 윤운성 윤운성 외 윤운성

청소년리더십진로교육센터
www.leadershipcareer.kr

청소년리더십진로교육센터는 자기발견, 자기이해, 자기변형의 강력한 도구인 한국형에니어그램을 기반으로 청년들의 글로벌 리더십과 주도적인 진로설계 능력을 배양함은 물론 교사와 학부모에게도 학생과 자녀의 특성을 이해하여 훌륭한 리더로 성장하도록 돕는 다양한 교육 및 프로그램을 제공합니다.

비전과 사명
청소년들이 올바른 가치관을 확립하고 명확한 목표를 설정하며 삶의 주인공으로 성장할 수 있도록 안내한다.

교육목표
청소년들 핵심역량을 강화하고, 미래지향적 가치관 확립과 자기 주도적인 인생관을 확립하여 건강하게 성장할 수 있도록 지원한다.

교육프로그램

청소년리더십진로교육센터

| 청소년교육 | 부모교육 | 교사교육 | 강사양성 | 상담 |

- 한국형에니어그램을 바탕으로 한 변화 프로그램
- 행복한 청소년을 위한 청소년교육
- 자녀의 운명을 바꿀 수 있는 부모 리더십 교육
- 아이들의 잠재능력을 일깨워줄 교사교육
- 다양한 청소년프로그램을 기획하고 교육할 수 있는 청소년 지도자 교육
- 청소년들의 인성교육 및 정서 안정을 위한 상담프로그램

한국형에니어그램성격유형검사 - 청소년용

한국형에니어그램성격유형검사-청소년용(KEPTI-J)은 9가지의 성격유형에 대해 81문항으로 구성된 전국 표준화 검사다. 본 검사의 Cronbach-α는 .879, 재검사 신뢰도는 .830으로 매우 양호하다.

- 에니어그램을 통해 나를 찾고, 상대방에 대한 이해의 폭 확대
- 자신에게 맞는 리더십 스타일에 대한 이해 및 삶 속에서 행복한 리더로 성장하도록 이끔
- 본인의 성격유형에 맞는 적절한 진로방향을 제시하여 자발적인 진로설계를 하도록 안내
- 본인의 성격유형에 학습법을 제시하여 자기주도적인 학습능력과 자신감 고취

※ 본 검사는 지필검사, 온라인 및 OMR단체 검사 가능합니다.

청소년리더십진로교육센터
Junior Leadership Career Education Center

TEL. 02)3446-3165
www.leadershipcareer.kr
help@kenneagram.com

한국에니어그램교육연구소
WWW.KENNEAGRAM.COM

한국형에니어그램은 윤운성(2001)이 개발한 '한국형에니어그램성격유형 검사지(Korean Enneagram Personality Type Indicator: KEPTI) (성인용, 청소년용)'와 '한국형에니어그램 5단계 프로그램'을 말한다.

한국형에니어그램 성격유형검사지는 청소년용과 성인용으로 구분되어 있으며, 한국형 에니어그램 프로파일 및 응답지로 구성된 9가지 성격유형의 한국판 표준화검사지이다(성인용(Cronbach =.90, 재검사신뢰도 = .89, Riso(1996)와 공인타당도 = .82), 청소년용(Cronbach =.88, 재검사신뢰도 = .83)). 이 검사지를 통하여 자기를 관찰하고 이해하여 건강한 자기변형을 도모하기 위해 개발된 한국형에니어그램 5단계 프로그램은 심리학과 영성을 포함하고 있다. 한국형에니어그램은 저작권 및 출판권이 법적으로 등록되어 있으며, 한국에니어그램교육연구소를 통해 국내에 보급되고 있다.

KEPTI(성인용)   **KEPTI-J (청소년용)**   **KEPTI-CLS (진로 및 학습유형검사)**

한국형에니어그램 강사양성체계

단계	내용	자격
1단계	에니어그램 이해(나를 찾아 떠나는 여행) 한국형검사 및 개관 힘의 중심, 9가지 성격, 분열과 통합	KEPTI검사지 사용자격 부여
2단계	에니어그램 탐구(나의 길을 따라가는 여행) 한국형 구체성, 자아의식, 행동방식, 악덕과 미덕	
3단계	에니어그램 적용(너와 내가 함께하는 여행) 하위유형, 인간관계, 성장전략	보고서 및 해석활용 이수 후 일반강사 자격 부여
4단계	에니어그램 평개(통합으로 가는 여행) 심리학적 이론, 발달수준, 의식성장, 심리내외적 통합	
심화단계	심층 에니어그램 의식수준(여기 그리고 지금) 심리학적 이론, 의식수준, 의식성장	전문강사 자격 필수과정
5단계	에니어그램 Supervision(가르치며 배우는 여행) 지도자 과정, Panel 리더십 교육, 영적성장, 방어기제	보고서 및 전문강사 훈련 이수 후 전문강사 자격 부여

한국에니어그램교육연구소
Korean Enneagram Education Center
http://www.kenneagram.com

한국형에니어그램 직업카드

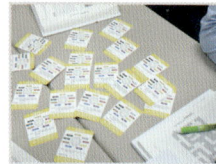
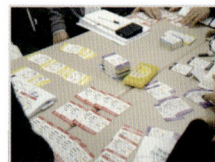

▷ 한국형에니어그램성격유형의 특성에 따른 9가지 유형별
  * 직업 20종 = 총180개 직업분류!
▷ 직업카드를 활용하여 청소년의 진로의식을 성숙시켜 올바른 직업관을 갖게한다. 직업카드게임 활용 극대화.
▷ 진로에 대한 고민을 하시는 분들께 꼭 필요한 도구입니다.
※ 검사도구는 한국에니어그램교육연구소의 1단계 이상 교육이수자에 한하여 구입이 가능 합니다.

한국형에니어그램 성장카드

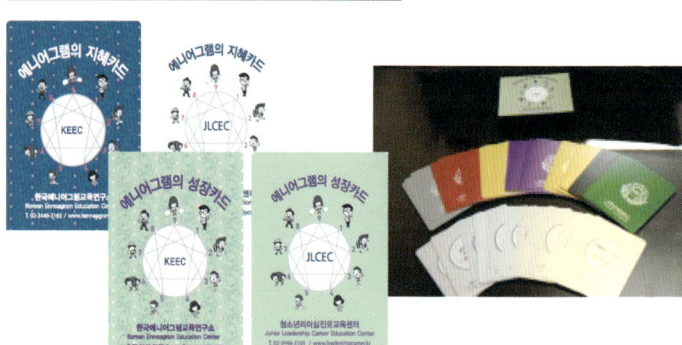

한국형에니어그램 스토리텔링

한국형에니어그램 장점동물퍼즐

에니어그램 명상
성장과 치유를 위한 학습힐링

발 행 / 2013년 8월
인 쇄 / 2021년 7월 16일 2판 1쇄
저 자 / 윤운성
발행인 / 윤운성
펴낸곳 / 한국에니어그램교육연구소 청소년리더십진로교육센터

서울시 금천구 가산동 60-19 SJ테크노빌 1116호
TEL / (02)3446-3165
FAX / (02)515-6784
E-mail / jlcec@kenneagram.com
Homepage / www.leadershipcareer.kr

http://www.kenneagram.com

ISBN 979-11-85115-03-0
값 / 20,000 원

파본은 교환해 드립니다.

이 책에 대한 모든 권한은 한국에니어그램교육연구소에 있으므로
무단전재와 복재를 금합니다.